KB252043

남의 밥에
숟가락 얹지 마라

박정권의 좌충우돌 정치 이야기

남의 밥에 숟가락 얹지 마라

초판인쇄 | 2026년 1월 10일
초판발행 | 2026년 1월 16일

지은이 | 박정권
펴낸이 | 신중현
펴낸곳 | 도서출판학이사

출판등록 : 제25100-2005-28호
주   소 : 대구광역시 달서구 문화회관11안길 22-1(장동)
전   화 : (053) 554~3431, 3432
팩   스 : (053) 554~3433
홈페이지 : http://www.학이사.kr
이 메 일 : hes3431@naver.com

ⓒ 2026, 박정권
이 책은 저작권법에 따라 보호받는 저작물이므로 무단 전재와 무단 복제를 금합니다.
내용의 전부 또는 일부를 이용하려면 반드시 저작권자와 학이사의 서면 동의를 받아
야 합니다.

ISBN _979-11-5854-600-7   03330

박정권의
좌충우돌 정치 이야기

남의 밥에
숟가락
얹지 마라

學而思 | 학이사

대구에는 박정권이 있다

우 원 식 대한민국 국회의장

이런저런 일로 대구에 갈 때마다 박정권을 봤습니다. 그를 처음 만났을 때, 민생을 중심에 둔 실용적 접근으로 지역민과 호흡하며 발로 뛰는 의정활동 모습이 인상적이었습니다. 대구 수성구라는, 민주당으로서 쉽지 않은 지역에 이런 믿음직한 정치인이 있구나 생각했습니다. 2022년 민주당 선대위 기본사회위원장으로 대구를 찾았을 때도, 열정적으로 실무를 챙기던 박정권이 있었습니다. 정치 사회 기본권을 넘어 경제적 기본권을 보장함으로써 지역민의 풍요로운 삶을 보장해야 한다는 소신이 돋보였습니다.

그런 박정권을 국회의장실 정책비서관으로 발탁했습니다. 함께 일하며 본 박정권은 국회의 정책이 어떻게 하면 지방의

담장 안에 갇힌 정책이 아니라,
담장을 넘어 현장에서 답을 찾고
주민의 삶을 바꾸는
정책을 실현해 내기를

골목골목까지 닿을 수 있을지 고민하는 '정책의 가교'였습니다. 거대 담론에 매몰되지 않고 국민의 평범한 삶, 그 현장에 발 딛고 서있는 묵직한 행보는 대구 수성에서나 여의도에서나 변함이 없었습니다.

이 책에는 그가 현장에서 흘린 땀방울과 그간 좌충우돌하며 더욱 단단하게 담금질해 온 정치와 삶에 대한 철학이 진솔하게 담겼습니다. 국회와 지방의회의 문턱을 넘나들며 쌓아온 정책 비전도 엿볼 수 있습니다. 대구의 목소리를 국회에 전달하고, 국회의 희망을 지역에 심고자 했던 이 기록은 우리 지방자치에도 다양한 시사점을 줄 것입니다.

박정권은 '이론'과 '현장'을 모두 겸비한 준비된 리더입니다. 저는 항상 '국회 담장을 넘어 국민 속으로'를 강조합니다. 박정권 전 비서관도 담장 안에 갇힌 정책이 아니라, 담장을 넘어 현장에서 답을 찾고 주민의 삶을 바꾸는 정책을 실현해 내는 정치인이 될 것입니다.

주민의 눈물을 닦아주던 따뜻한 가슴과 현장에서 길어 올린 문제의식을 정책으로 바꿔내는 유능함을 갖춘 그가 앞으로 그려낼 미래를 응원합니다. 이 책이 더 나은 정치를 꿈꾸는 모든 이들에게 용기가 되길 바랍니다.

기록된 정성은 결코 주민을
배신하지 않는다

김 부 겸 제47대 대한민국 국무총리

정치인의 가방 속에는 그 사람의 철학이 들어있다고 합니다. 제가 곁에서 지켜본 박정권 전 의원의 가방에는 항상 손때 묻은 '민원수첩'이 있었습니다.

그 수첩을 우연히 펼쳐보았을 때 저는 신선한 충격을 받았습니다. 주민들의 민원 사항이 날짜별로, 사안별로 빼곡하게 기록되어 있었고, 해결 과정과 결과까지 꼼꼼하게 정리되어 있었습니다. 그것은 단순한 메모가 아니라, 수성구 주민 한 분 한 분의 삶을 귀하게 여기는 박정권의 '마음 기록부'였습니다.

박정권의 진심이
더 넓은 세상과 닿아
수성구의 내일을 밝히는
큰 등불이 되기를
진심으로 기원합니다

그의 이런 진심 어린 정성을 다시 한번 확인했던 기억이 납니다. 국회의원 선거 기간 중이었습니다. 당시 박 의원은 동네 학부모들과의 모임을 준비하며 저를 초대했습니다. 사실 그날 저는 심한 감기 기운으로 몸이 천근만근 무거웠고, 겹친 일정으로 인해 정신이 없던 상황이었습니다. 급한 약속을 마치고 나니 체력은 이미 바닥이 나 있었습니다.

하지만 지친 몸을 이끌고 도착한 그 자리에서 제가 본 것은, 10여 명의 젊은 학부모들과 마주 앉아 그들의 고민을 하나라도 놓칠세라 귀를 기울이던 박정권 의원의 모습이었습니다. 화려한 유세장도 아닌 소박한 자리였지만, 그 공간을 가득 채운 것은 '진짜 정치'의 온기였습니다. 주민의 삶 속으로 깊숙이 들어가 소통하는 그의 진정성을 마주하자, 제 고단함도 어느덧 잊었습니다. 저는 그 '진심의 정치'에 감동하여 예정보다 훨씬 더 오래 그 자리에 머물며 학부모님들, 그리고 박 의원과 함께 수성구의 미래를 이야기했습니다.

정치는 화려한 말 잔치가 아니라, 이렇듯 보이지 않는 곳에서 쌓아가는 정성(精誠)이어야 합니다. 그는 큰 목소리를 내기보다 낮은 자세로 주민의 목소리를 먼저 들었습니다. 골목 어귀에서, 시장통에서 주민들과 눈을 맞추며 대화하는 그의 모습에서는 정치인의 권위가 아닌, 이웃집 아들 같은 따뜻한 인성이 느껴졌습니다.

"기록된 정성은 결코 주민을 배신하지 않는다"는 것을 박 전 의원은 몸소 증명해 왔습니다. 꼼꼼한 실력과 따뜻한 인간미를 겸비한 그가 이 책에 담아낸 기록은, 우리 지역 정치가 나아가야 할 가장 정직한 길을 보여줄 것입니다.

그의 진심이 더 넓은 세상과 닿아 수성구의 내일을 밝히는 큰 등불이 되기를 진심으로 기원합니다.

차 례 contents

남의 밥에 숟가락 얹지 마라

정치를 시작한 이유를 물으면 아직도 한참을 망설이게 된다. 그럴듯한 명분보다는 그냥 살아오면서 쌓인 마음의 찌꺼기가 있었다. 불합리한 일상을 보고도 모른 척 넘기지 못하는 성격, "그건 원래 그래."라는 말이 제일 싫었던 성격 말이다.

시골에서 농사짓는 부모님의 큰 기대를 안고 도시로 대학을 갔다. 아버지는 늘 "남의 밥에 숟가락 얹지 마라."고 말씀하셨다. 그 짧은 문장 속에는 타인의 성취에 무임승차하지 말고, 오직 자신의 정직한 땀방울로 생의 기틀을 마련하라는 '자기 주도적인 삶'의 철학이 서려있었다. 내 손으로 직접 일구지 않은 결실은 결국 모래성일 뿐이며, 스스로 일어서려는 의지가 있어야 비로소 삶의 주인으로 당당할 수 있다는 엄중한 가르침이었다.

하지만 세상은 아버지의 말씀처럼 명료한 인과관계로만

움직이지 않는다는 것을 대학에 들어가서야 깨달았다. 개인의 성실함만으로는 도저히 넘을 수 없는 벽들이 존재했고, 누군가의 정당한 노력이 불합리한 구조에 가로막혀 빛을 잃는 광경을 자주 목격했다. 나 혼자서만 묵묵히 제 갈 길을 가는 것이 과연 아버지가 말씀하신 '자립'의 전부일까 하는 의문이 마음 한구석에 내려앉았다.

불합리 앞에서 침묵하는 것은 결국 그 부당함에 편승하는 또 다른 방식일지도 몰랐다. 진정한 의미의 독립이란 단순히 타인의 도움을 거절하는 데 머무는 것이 아니라, 나를 둘러싼 삶의 터전을 스스로 정의하고 더 나은 방향으로 개척해 나가는 과정임을 알게 되었다. 내가 발을 딛고 선 이 땅의 모순을 바로잡는 일에 참여하는 것 또한, 내 삶을 온전히 스스로 지탱하기 위한 치열한 노력의 연장선이었다.

학생운동을 하며 경찰서와 구치소를 드나들던 시절, 아버지는 말없이 논밭에 나가셨다. 때론 생각과 이념이 다른 아들의 모습이 못마땅하셨을 것이다. 아버지의 뒷모습을 떠올릴 때마다 미안했다. 하지만 그때 내가 배운 건 분명했다. 세상은 누군가의 침묵 위에 굴러가선 안 된다는 것. 그 마음이 결국 지금의 나를 이 자리로 데려왔다.

이제 나는 아버지의 말씀을 다시금 마음속에 갈무리한다. 남의 밥에 숟가락을 얹지 않는 결백함을 넘어, 누구도 억울하게 자신의 밥상을 뺏기지 않는 세상을 만드는 일. 그것이 내가 선택한 더 넓은 의미의 '스스로 서는 법'이다. 비록 그 길이 험난할지라도, 내 신념에 따라 묵묵히 길을 내는 이 행위 자체가 나를 진정으로 자립하게 한다고 나는 믿는다.

아이 둘을 키우며 세상을 바라보니 정치가 너무 멀게 만느껴지는 게 답답했다. '좋은 세상'이란 말은 추상적이지만 아이들이 안전하게 자라고, 부모가 눈치 보지 않고 밥상에 반찬을 올릴 수 있는 세상, 그런 세상을 만드는 일이라면 나도 한 번쯤 해봐야 하지 않을까 싶었다. 그래서 출사표를 던졌다. 거창한 이념도, 계산된 각오도 아니었다. 내가 살아온 방식대로 눈앞의 불합리를 그냥 지나치지 못해서였다.

정치를 하며 배운 건, 세상을 바꾸는 일은 거창한 구호보다 조용한 꾸준함에서 시작된다는 사실이다. 말보다 듣는 게 중요하고, 계획보다 신뢰가 더 멀리 간다는 것도 알게 됐다.

이제 8년이 지났다. 그동안의 시간 속에서 여전히 부족하고, 여전히 배우는 중이다. 하지만 한 가지는 분명하다. 그날의 결심, 그 출사표의 이유는 지금도 유효하다는 것. 정치는 내게 직업이 아니라, 삶의 연장선이다. 그냥 내가 살아온 대로 조금 더 책임 있게, 조금 더 함께 살아가려는 방법일 뿐이다.

정당 공천보다 더 어려운 아내 공천

결혼을 하고 정치에 도전하고자 하는 후배들이 있다면 이 당부는 꼭 하고 싶었다. 정치는 가족의 조력 없이는 하기 힘든 분야다. 반드시 가족의 허락을 구할 것.

대구지역에선 흔히들 정당 공천보다 어려운 것이 아내의 공천이라는 말이 있듯, 아내와 가족의 동의를 얻기가 상당히 어려운 게 현실이다. 더군다나 평범한 가장이 정치를 하겠다고 하는 건 가족에겐 큰 짐이 될 수도 있기에 조심스레 아내에게 먼저 출사표를 던졌다.

그날 이후 아내는 한동안 말이 없었다. 며칠 침묵 끝에, 아내가 조심스레 입을 열었을 때 이미 모든 것을 포기할 각오를 하고 있었다. 하지만 아내의 말은 반대가 아니었다. 아내는 오직 한마디를 물었다.

"당신이 그렇게까지 해서 바꾸고 싶은 세상은 우리 애들이 마음껏 꿈꾸고 안전하게 살 수 있는 세상이 맞아?"

그 한마디는 정치에 대한 나의 모든 거창한 포부와 구호들을 단번에 무력화시켰다. 내가 꿈꾸는 세상은 아내의 그 질문 안에 모두 담겨있었다.

비록 한 가정의 평범한 가장으로서 가족의 시간을 빚지고 정치에 뛰어들지만, 이 책을 쓰는 지금도 나의 정치적 출사표는 '아내의 공천장' 한 장으로 요약된다. 가족에게 빚진 시간을 갚기 위해서라도, 평범한 이들의 눈물이 없는 세상을 향해 걸어가야 한다고 생각한다.

그 어렵다는 아내 공천장을 받아들고 반드시 당선되어야 한다는 책임감으로 선거운동을 시작했다.

하지만, 공천의 과정과 결과는 그리 호락호락하지 않았다. 너무나도 평범한 대한민국의 40대 가장은 정말 순진했다. 스스로 결심이 서고 아내의 허락을 받으면 순조롭게 진행되는 줄만 알았고, 열심히만 하면 되는 줄 알았다. 선거는 후보가 되어 선거운동을 하는 것만이 아니었다. 당내의 공천과 그 공천을 받기 위한 과정과 갈등의 연속이었다. 치열하고 가슴 졸이는 시간이었다.

아내의 눈물을 보았다.

내겐 가장 소중한 아내가 남편의 무모한 도전에 응원을 보내던 어느 날, 지역위원회의 행사장에서 난 출마는 하되 양보를 하는 방식으로 당선 가능성이 낮은 번호를 받겠다고 선언한 것이었다. 나중에 알게 된 일이지만, 아내와는 전혀 상의도 없었던 내용이었기에 아내는 서운함이 컸고, 동시에 남편의 희생과 헌신이라고나 할까 그 진솔한 모습에 감동을 받았다고 한다. 그래서 자신도 모르게 눈물이 났고, 이왕에 결심한 것 더 적극적으로 응원하고 지지해서 꼭 당선을 시키겠다는 나름대로의 굳은 결심이 생겼다고 했다.

여보, 정말 고마워. 잘할게.

그리고, 잊지 않겠습니다

정치 입문의 결정적 계기는 세월호 참사에서 시작되었다. 대학에서 학생운동을 했지만, 졸업 후에는 평범한 직장생활을 했다. 회사생활에 자리 잡을 무렵인 2014년 4월 16일 세월호 참사가 발생했다. 지금은 고등학생과 중학생인 아들과 딸은 당시 유치원에 다니고 있었다. 세월호 참사는 기성세대 즉 어른들의 잘못으로 일어난 사고라는 생각이 들었다. 어린 두 아이에게 미안하고 죄스러운 마음에 한동안 일도 생활도 손에 잡히질 않았다. 무언가라도 해야겠다는 생각이 들었고,

아이들의 아빠로서 이 사회의 어른으로서, 사회를 바꿀 수 있는 작은 일이라도 해야겠다고 결심했다.

마침, 모교의 민주동문회 사무국장을 맡게 되었고, 시민사회와 함께 사회의 변화를 위한 길에 나서기 시작했다. 거리에서, 광장에서 늘 모교 민주동문회의 깃발은 있었고, 그 깃발 아래엔 내가 있었다.

박근혜 탄핵과 19대 대선, 운명처럼 이어진 시의원 보궐선거 후보의 선거 사무장을 하면서 어깨너머로 현실 정치를 경험했고, 주변 지인들의 추천으로 2018년 지방선거에 출마하게 됐다.

구의원 당선 후 지금까지 세월호 참사를 한시도 잊지 않고 있다.

Part 1

이상한 선거운동

가장 낮은 자세로 동네를 걷다

흔히들 대구는 보수의 심장이라고 말한다. 특히, 수성구는 고소득층과 지식인들이 많은 지역이라 더욱 보수세가 강하다. 정치에 냉소적인 지역이기도 하다. 정치와 선거에 관심을 갖게 하기 위해서 선거도 축제라는 걸 보여주고, 주민들이 그 작은 축제의 공간으로 들어오게 만드는 것이 후보자이자 정치인의 역할이라고 생각했다.

세상에서 가장 아름다운 선거용 피켓

　햇살이 따사로워진 오후, 하교 시간에 초등학교 주변과 아
파트 단지 내 공원으로 인사를 다녔다. 가장 아름다운 홍보용
피켓을 목에 걸고 가장 낮은 자세로 주민들을 만났다. 처음이
라 홍보용 피켓을 목에 거는 것도 어색했고, 그 목에 건 피켓
을 주민들에게 보여주는 것도 어색했다. 하지만 지금 내가 목

에 걸고 있는 이 피켓처럼 꾸밈없이 진솔한 정치를 하겠다는 스스로의 결심이었고 의지의 표현이었다.

　결과는 의외였다. 젊은 엄마들의 반응이 좋았다. 두 아이의 아빠이자 평범한 시민이 가장 가까이에서 주민들의 목소리에 귀를 기울이겠다는 말을 건네려는 순간, 엄마들은 '이 피켓 누가 만든 거예요?'라는 질문을 먼저 던졌다. 선거와 정치에 관심이 없는 젊은 엄마들에게 아이들이 만든 피켓이 작은 감동으로 다가온 듯하였다. 자세하게 설명을 하고 자라나는 우리 아이들에게 부끄럽지 않은 정치를 하겠다는 말을 건넸다.

'꼭 그리할 것 같다'라는 말과 '왠지 믿음을 줄 것 같다'라는 말을 들었다. 그리고 관심을 갖고 지켜보겠으니 기존의 정치인과는 다른 모습으로 진정성 있는 동네 일꾼이 되어달라는 요청과 함께 응원의 말씀도 던져주셨다. 100여 일의 긴 여정이 될 예비후보의 첫 일정과 만남은 성공적이었다. 끝까지 완주할 수 있는 힘이 생겼다. 보이지 않는 든든한 지지자도 생긴 것 같았다.

생애 첫 기성 정치의 선거운동을 시작하면서 결심했다. 교통량이 많은 네거리나 대로변 대신, 걸어서 주민 한 분 한 분과 직접 마주치겠다. 그리고 내 말을 하는 것이 아니라 많이 듣겠다고. 거리낌 없이 던지는 주민들의 말 한마디 한마디가 정책이고 공약이다. 즉 그 목소리들이 정치고 그 정치가 밥 먹여준다. 발에 물집이 생기든, 땀이 옷을 적시든, 대부분의 후보들이 뱉어내는 정치 소음 대신 마음을 전달하겠다고.

아파트 단지 상가를 돌며 두 손으로 명함을 드렸을 때, 주민들은 처음엔 경계하는 눈빛을 보냈다. '누구세요? 그냥 가세요'라는 시선. 하지만 멈추지 않았다. 마주치는 사람마다 짧게 웃고, 이름을 밝히고, "동네 불편한 거 있으면 알려주세요."라고 말했다.

그날 저녁, 수첩을 펼쳐 내가 만난 주민들을 적어보며 깨달았다. 작은 관심 하나가 신뢰로 이어진다. 경계하던 한 어르신이 돌아서며 말했다. "저 사람 참 조용하다, 근데 진심 같아." 그 한마디가 유세 기간 내내 나를 걸어가게 만든 힘이 되었다.

낡은 운동화는 어느새 나의 상징이 되었다. 발바닥이 아플 때마다 주민 한 명 한 명과 눈을 맞춘 날들을 떠올리며 이를 악물었다.

공약을 만들지 않고, '불편함'을 기록하다

선거 전, 공약을 화려하게 포장하지 않았다. 거창한 약속 대신, 주민들이 느끼는 불편함을 기록했다.

"여기 전봇대 너무 위험해요."

"저 배수구는 비만 오면 물이 넘쳐요."

손바닥만 한 수첩에 적힌 작은 글씨들이, 4년 의정 활동의 청사진이 될 줄 그때는 몰랐다. 주민과의 대화를 녹음하듯, 느낀 감정을 함께 기록했다. 분노, 답답함, 때로는 어이없음까지.

기록은 단순히 목록이 아니었다. 하루에도 수십 건씩 쏟아지는 민원 속에서, '진짜 중요한 것'과 '겉으로 보이는 것'을 구분하게 해주는 나침반이었다.

가장 평범함이 가장 특별함이다

평범한 시민이 생활 정치에 도전하면서 무엇보다 중요한 건 정치에 냉소적인 주민들과의 눈높이를 맞추는 것이라고 생각했다. 그래서 기존의 선거기간 동안 수많은 후보들이 보여준 틀에 박힌 선거운동 방식을 조금이라도 탈피하고자 했다. 선거 차량, 선거홍보물, 선거운동원, 그리고 후보자의 행동에서부터 선거운동 전 과정에서 감동과 즐거움을 주고자 했다.

본 선거부터는 시장, 구청장, 시의원, 구의원, 교육감, 비례대표 등 수많은 후보들이 난립을 할 것이다. 수많은 유세차량 소음공해를 받는 시민들은 눈살을 찌푸릴 것이기에 틈새 홍보전략으로 구의원 후보로서 발로 뛰는 모습과 낮은 자세로 주민들 곁에서 함께하겠다는 의지로 평범함에서 특별함을 찾기로 했다.

대표 공약 중 하나인 미니소방차를 연상하게 하는 아주 작은 차량으로 골목을 누비기로 결정을 했다. 아이들의 눈높이에 맞춰 예쁘게 꾸몄다. 동요에 나오는 '코끼리 아저씨는 소방수'라는 노래 가사를 아이템으로 코끼리 차로 이름을 지었다.

드디어, 출동했다. 본 선거운동 첫날부터 범어네거리는 자

리싸움과 함께 울려 퍼지는 고음의 선거용 노래와 음악들로 13일간의 본격적인 선거 전쟁이 시작되었지만 나는 달랐다. 작은 코끼리 유세차량으로 초등학교 주변을 먼저 찾았다. 아이들은 기대를 저버리지 않았고, 차량 주변으로 아이들과 등교시키는 엄마 아빠들이 함께 모여들었다.

성공이었다. 하교 시간에도 꼬마 자동차는 제 역할을 톡톡히 해주었다. 이후, 선거운동 기간 내내 아이들의 입에선 꼬마 자동차에서 나오는 노래를 흥얼거리면서 학교 주변과 동네 골목길을 떠들썩하게 돌아다녔다. 꼬마 자동차를 볼 때마다 아이들의 환호성은 그 동네를 떠들썩하게 만들었다. 학부모를 비롯한 동네 어르신들도 함께 손을 흔들고 웃음과 함께 호의적인 반응을 보였다.

나만의 방식이었지만 주민들이 바라는 방식이었다. 유권자와 주민들이 선거에 관심을 가지고 정치에 관심을 가지는 작은 시작이었다. 차별성과 특별함은 멀리 있지 않았다. 가장 평범한 모습이 가장 특별함이었다. 선거가 끝난 이후에도 주민들의 기억 속에는 꼬마 자동차의 여운이 남아있다고 한다.

선거는 축제다

선거 과정을 즐기자.

누군가는 해야 할 일, 스스로가 긍정적이고 적극적으로 주변 지인 및 지지자들과 함께해야 한다는 생각으로 긴장되고 힘든 긴 선거 과정을 축제로 만들겠다고 생각했다.

흔히들 대구는 보수의 심장이라고 말한다. 특히, 수성구는 고소득층과 지식인들이 많은 지역이라 더욱 보수 세가 강하다. 정치에 냉소적인 지역이기도 하다. 정치와 선거에 관심을 갖게 하기 위해서 선거도 축제라는 걸 보여주고, 주민들이 그 작은 축제의 공간으로 들어오게 만드는 것이 후보자이자 정치인의 역할이라고 생각했다.

우선, 연령대별로 전략을 세웠다.

20대 청년들에게 다가서기 위해 선거운동원을 학생들과 청년들로 구성하고 SNS 주 계정도 청년층과의 공감대 형성을 위한 쪽으로 변화시켰다. 지역에서 최초로 구의원 후보의 율동팀도 꾸렸다. 기초의원은 선거운동원이 많지 않아 율동팀을 꾸리는 게 쉽지 않았지만 경쟁자들과 달라야 했고 선거 과정을 축제로 만들기 위한 작은 과정이었다.

아이들이 만든 피켓과 꼬마 유세차량으로 30~40대 젊은 층 학부모들의 정치에 대한 거부감을 없애려 했다. 낮 시간엔 공원이나 학교 주변에서 엄마들을 만났고, 저녁 시간엔 동네 상가를 돌면서 아빠들을 만났다.

정치인은 특별한 사람이 아니다. 공원에서, 골목에서, 선술집에서 흔하게 만나 살아가는 얘기를 나누는 동반자이다. 그런 정치를 하고 싶었기에, 선거 과정에서도 평범한 사람, 평범한 모습, 평범한 일상을 함께 나누고자 했었다.

40~50대의 장년층은 나와 비슷한 시기에 태어나 같은 사회적 환경에서 살아왔기에 만나면 할 얘기가 많다. 정당을 떠나 그냥 같은 또래가 친구를 만나듯 편하게 대화하는 게 최고의 선거운동이다. 정치에 관심이 많은 세대이기에 대화가 시작되면 현실적인 정치 얘기까지 하는 경우가 많았다.

듣는 것을 즐겨야 했다. 듣기 싫은 소리, 비판의 소리, 정당을 욕하기도 하지만 정치 그 자체를 욕하기도 한다. 하지만, 이 또한 그들이 정치에 관심을 가진다는 증거이기에 기꺼이 다 들어준다. 그 속에서 정책이 나오고 공약이 나와야 정치가의 책임감이 더욱 커진다.

60대 이상 선배님들과 어르신들은 정치적 견해가 완전히 다른 분들이 상당히 많다. 아버지 어머니와 대화하듯 다름을 인정한다. 설득하려 해도 설득이 안 될뿐더러 오히려 언성만 높아지고 선거 과정에 힘만 빠질 수 있다. 더 열심히 뛰면서 정치하는 모습을 보여주는 것이 내가 할 수 있는 최선의 방법이라 생각했다. 오히려 그분들이 지칠 때마다 나를 일으켜 세우는 원동력이 되었다.

'외인구단'과의 '동행'

학연·혈연·지연, 이 세 가지는 선거나 정치활동을 좌지우지할 만큼 상당한 역할을 한다. 그래서 이 세 가지 인연을 무시할 수 없다. 하지만 나는 대구에서 태어나지도, 대구에서 초·중·고를 다니지도 않았다. 보수의 성지 대구, 거기에다가 세 가지 인연도 없다. 하지만 오래된 정치적 폐단이라 스스로를 위로하며, 새로운 인연을 만들기로 했다. 일명 '외인구단'.

대학을 졸업하고 떠난 대구를 6년 전에 다시 돌아왔다. 정치를 하려 대구에 다시 터를 잡은 건 아니었다. 다시 대구에 정착하면서 활동한 모임과 단체, 개인적 인연을 연결했다. 물론, 대학 동문과 고향 까마귀를 찾기도 했다. 대학 민주동문회 사무국장을 맡았고, 향우회에서는 사무국 총무를 맡았다.

그렇게 지역구 밖에 거주지를 두거나 활동하시는 분들을 외인구단이라 불렀다. 지역구에 살고 있지는 않더라도 외부에서 지역구 지인들을 찾고 연락해서 간담회와 모임 자리를 만들었고, '아름다운 동행'이라는 SNS 공간도 만들었다.

대구에 사는 고교동문들도 수소문 끝에 만나 모임을 결성했다. 타향이지만 30년 이상을 대구에서 뿌리내리고 있던 나의 하나밖에 없는 소중한 고교동문이다.

파란 장미의 기적, 개소식이 아닌 개업식

현실 정치를 할 수 있게 마음 내어준 아내에게 고마움을 전하고 싶었다. 결혼 10주년 되는 해이기도 했다. 학교를 졸업하고 평범한 삶을 살아가던 나에게 소극적인 정치에서 적극적인 정치로 걸음을 가게 해준 사건 사고들, 그러한 과정에는 언제나 아내가 함께 동반자가 되어주었다.

선거사무실 개소식을 준비해야 했다. 결혼 10주년 기념일인 4월 20일을 택했다. 조금 특별한 개소식을 하고 싶었고, 아내에게 힘을 주는 이벤트도 하고 싶었다. 식순과 형식에 얽매이지 않기로 했다. 오전 10시부터 저녁 10시까지 선거사무실 문을 열어놓고 손님을 맞이하기로 했다. 주민과 지지자분들과 차 한잔 마시면서 소통하는 진심을 보여주고 싶었다.

일반적인 선거사무소 개소식은 특정 시간을 정해놓고 하다 보니 누가 다녀갔는지, 무슨 말을 주고받았는지 알 수가 없다. 우왕좌왕 북적대며 후보의 세력을 과시하는 정도이기에 그렇게 하고 싶지 않았다. 편한 시간에, 편한 마음으로 들렀다 가시라는 말에 넉넉한 시간으로 찾아주셨고, 지나던 주민도 들러서 얘기꽃을 피우고 가셨다.

저녁 7시 즈음해서 다소 많은 분이 찾아주셨기에 간단한 이벤트를 준비했다.

파란 장미 한 다발.

기적이라는 꽃말을 가진 파란 장미 39송이(아내의 나이)를 아내에게 선물했다. 사진도 찍고, 얘기도 나누고, 기타 치며 노래도 하고, 간단한 다과도 즐겼다. 기존의 틀을 깨고 즐겁고 편안한 분위기로 밤늦은 시간까지 이어진 동행캠프 개소식은 승리에 대한 결의를 다지며 마무리할 수 있었다.

자는 아내를 깨워서

5월 21일 부부의 날, 모든 여성과 아내로 삶을 살아가는 분들에게 메시지를 주고 싶었다. 이른 아침, 자는 아내를 깨워 황금네거리로 아침 출근 인사를 함께 나갔다. 귀찮아 할 법도 한데 선뜻 따라나선 아내를 생각하면 지금도 고맙다. 여성과 엄마들에 대한 공약을 다시 한번 챙겨보는 의미 있는 하루였다.

부부의 날은 부부 관계뿐 아니라 서로의 소중함을 다시 한번 생각해 볼 수 있는 좋은 기회라고 여기고 우리가 사는 동네와 사회도 서로를 소중함으로 아끼고 이해하고 소통하면서 함께하는 문화가 정착되기를 바라는 마음을 담아 유권자들에게 호소하는 하루였다.

율동유세단과 게릴라 퍼포먼스

구의원 후보 최초 율동유세단, 20대 학생들과 취업준비생으로 구성된 청년유세단, 대구 지역에서는 최초로 구의원 후보가 율동팀을 운영했다. 주변에서 우려도 있었지만 우리 청년들은 즐겁고 재미나게 선거를 즐겼다. 시의원 캠프에도 없었던 청년 율동팀이었다.

초등학생 하교 시간과 유치원 아이들 하원 시간에 맞춰 아파트 단지 입구에서 게릴라 율동팀과 함께 유세를 했다. 아이들을 마중 나온 엄마들과 어르신들이 한두 분씩 모이기 시작했고, 특히 초등학생들은 율동을 따라 하기도 했다.

단순하면서 귀엽고 깜찍한 율동이라 어린아이들이 따라 하기에도 쉬웠다. 선거기간 내내 아이들이 선거로고송과 함께 율동을 입과 몸짓으로 표현해 주어 제2의 선거운동원 역할을 했다.

하루는 유세하려 앰프를 차에서 내리는데 길을 지나던 남자분이 인사를 건네셨다. 평소 정치에 관심이 없었는데, 이번엔 '후보님을 보면서 관심을 가져야겠다고 마음먹었다'고 하셨다.

이유를 물으니, 초등학생 딸이 "아빠, 꼭 박정권 아저씨를 찍어."라고 한다는 것이었다. 너무 재밌게 선거운동을 하고 항상 웃으면서 열심히 하니 아이들의 생각도 잘 알아줄 것 같아서 아빠가 꼭 찍었으면 좋겠다는 것이었다. 그러면서 직접 만나보고 싶다는 생각에 이렇게 찾아왔다고 하셨다. 놀이터에서 아이들과 함께 있는 엄마들과도 비슷한 내용의 대화를 많이 나누었다.

아이들에게 참 고맙다. 한 초등학교 여학생은 꼬마 유세차가 지나가는 걸 보고는 달려와서 음료수를 주고 갔다. 한두

번이 아니었다. 선거기간 내내 후보로서 고단함과 긴장감이 있었지만 이런 아이들과 함께할 때면 힘이 절로 났다. 꼭 당선되어서 아이들이 행복하고 안전한 마을을 만들어야겠다는 다짐을 수도 없이 하게 되었다.

벽치기 유세

김부겸 전 국회의원께서 선거운동 중에 하시던 유세방식이 있다. 아파트 단지 주변에 유세차량을 타고 돌면서 일정 시간 동안 짧은 유세를 하고 지나가는 게릴라식 유세인데, 아파트 벽을 보면서 하기에 벽치기 유세라 불린다.

하지만, 나의 유세차량은 미니승합차량이라 앰프를 밖으로 설치할 수가 없었다. 차량에 싣고 다닐 수밖에 없었고, 짧은 유세를 할 때마다 무거운 앰프를 내려서 길바닥에 서서 해야만 했다. 심지어는 바퀴 달린 앰프를 끌고 다니면서도 하곤 했었다.

불편한 걸 알면서도 이렇게 하고 싶었다. 흔히 보는 트럭을 이용하는 게 아니라 유권자들에게 시선도 끌고 직접 대화하듯 낮은 자세로 주민들과 같은 눈높이에서 메시지를 전하고 싶었다.

조금 더디더라도, 조금 힘들더라도 진심을 전하고 싶었다.

가까이에서 주민들의 목소리를 듣고 싶었다. 오히려 주민들이 더 큰 호응을 해주셨고 감동이라는 말도 하셨다. 이것이 정치고 선거운동이라 믿었다.

작고 사소할 수도 있지만 주민들의 가려운 부분을 헤아릴 줄 아는 생활 정치, 시민 정치의 정석을 보여주고자 오늘도 아이들에게 약속한 부끄럽지 않은 정치를 하기로 다짐한다.

Part 2

좌충우돌 초선일지
행정의 벽과 씨름하다

정치는 눈에 보이는 성과보다, 사람과의 신뢰와 끈기에서 시작한다는 것. 그리고 주민과 눈을 맞추며 주민이 원하는 바를 제대로 인식하고, 예산 낭비 없이 지속 가능한 정책으로 이어져야 한다는 것. 발로 뛰는 경험이야말로 정치 초년생에게 가장 강력한 무기라는 사실을 몸소 체감했다.

초선의 패기와 좌충우돌 첫 출근

    당선 후 맞이한 첫 등원 날, 의원은 출근이 아니라 등원이라고 한다는 걸 처음 알았다. 기대와 긴장으로 가득했다. 그전엔 의회에 올 일이 없었고, 솔직히 의회 건물이 어디에 있는지도 잘 몰랐던 정말 평범한 시민이었다. 구청에도 올 일이 거의 없으니 앞뒤로 나란히 있는 건물이지만 눈에 띄지 않기도 했다.

    의회 로비에 들어서자 공무원들의 환대가 있었다. 익숙하지 않았다. 특히 난생처음 의전이라는 것엔 부담스럽기까지 했다. 의원 사무실 공간은 자그마함에도 각종 서류와 규정, 낯선 용어들이 나를 더욱 어리둥절하게 했다. 초선이지만 의원이라는 이름표가 무겁게 느껴졌다.

    다행히 당선 후 20여 일의 시간이 있었기에 이것저것 공부하면서 미리 의회를 경험하고 준비할 시간이 있었다. 하지만 초선의 열정보다 앞서는 건 주민들의 열정이었다. 임기가 시작되기도 전부터 크고 작은 민원이 접수되었는데, 어디부터 어떻게 시작해야 할지를 몰랐다. 우선, 민원인을 만나서 메모하고 기록했다. 당장에 해결되는 건 없었지만 민원인의 마음을 알고 목소리를 듣고, 정리해서 차근차근 풀어나가기로 했다.

회의 중 담당 공무원은 "이건 우리 부서 관할이 아닙니다." 라며 다소 냉정하게 말했다. 순간 당황했지만 곧 마음을 다잡았다. 물론 초선이라 일의 처리나 업무 범위가 익숙하지 않아서 담당 부서를 잘 모를 수도 있었다. 좀 야속한 대답에 '그래, 그럼 내가 나서겠다'라는 작은 결심으로 의정 활동의 첫 발걸음은 시작되었다.

이후 직접 민원 현장을 찾아가고, 민원 내용을 하나하나 정리하고 관련 서류를 찾으면서 담당자와 소통하며 문제 해결의 실마리를 찾아 나갔다. 성취감과 좌절도 반복했다. 그 과정에서 다시 한번 느낀 건 정치도 결국 사람과의 신뢰, 그리고 끈기라는 사실이었다.

행정의 벽을 넘어 현장으로

초선의 좌충우돌은 당분간 계속되었다. 이것저것 물어도 보고, 기웃거리기도 하고, 이리저리 민원 현장으로 더 많이 돌아다녔다. 기다렸다는 듯이 밀려오는 민원을 하나씩 차근차근 해결해 나갔다. 접수되는 민원 중 절반은 즉시 해결했고, 해결 중인 것, 장기적으로 해결해야 할 것도 있었다.

그렇다. 우리 주민들은 대단한 개혁이나 변화를 원하는 것이 아니었다. 내 생활과 내 삶이 조금이라도 달라지는 건 생활 주변에서부터 시작된다. 많은 것을 배웠다.

특히, 민원을 접수하고 해결하는 과정에서 소중한 것, 낯선 것을 새로이 접하는 계기도 되었다. 현장에 답이 있다는 정치적 명제를 더욱 절실하게 느꼈다. 당장에 해결 안 되는 것들은 정책과 예산으로 의회에서 논의하고 의제화해서 행정으로 집행해야 했다. 소극적이고 안이한 행정은 따끔하게 질타하고 주민 편에서 적극적이고 실질적인 방안을 마련하기로 했다.

지난 선거운동에서 주민들에게 직접 들은 불편함은 단순한 민원이 아니었다. "학교 앞 횡단보도가 너무 위험해요." "이 골목은 가로등이 없어요." 같은 이야기를 하나씩 적어나가면서 깨달았다. 당선만 되면 그만인 화려한 공약보다 삶의 문제를 해결하는 것이 진짜 정치라는 사실을.

그분들의 목소리는 나의 공약이 되었고, 소중한 정책 자료가 되었다. 그 약속을 실천하고 있었다. 힘들고 치열했던 과정을 축제를 즐기듯 무사히 이겨냈으니, 앞으론 주민 편에서 열정과 신념으로 진심을 다하겠다는 결의도 다져갔다.

작은 해결, 소중한 깨달음: 구의원의 땀과 첫 신뢰

첫 민원 해결 사례는 작은 벤치 설치였다. 무더운 여름에 횡단보도 신호를 기다리는 사람들이 뙤약볕을 피할 수 있도록 이동식 천막을 치는 이색풍경을 몇 년 전부터 봐왔다. 여름에 설치하고 더위가 가시면 철거한다. 이동식 천막은 태풍이 불 때는 위험할 수도 있어 안전하지 못했다. 예산 부족인지 이유는 알 수가 없었다.

그해는 7월 말이 되어도 이동식 천막이 설치된 것이 보이질 않았다. 한여름 그늘 없는 뙤약볕 아래에서 신호를 기다리던 주민들의 민원이 빗발쳤다. 급한 대로 우선 창고에 보관 중이던 천막으로 대체했다.(이동식 천막은 안전이 담보되지 않아 이후에 자동 접이식 안전 천막으로 대체되었다.)

천막을 설치하지 않은 이유를 알게 되었다. 태풍의 위험 때문에 천막 설치 대신에 나무를 심어 그늘을 활용하라는 지침이 있었다고 했다. 그런데 그 나무가 2미터 정도 되는 어린 느티나무라고 한다. 나무를 심는 건 좋지만, 그 어린나무가 언제 자라서 그늘을 만든단 말인지. 어이가 없었다.

국내에서 가장 크다는 범어네거리. 그 가장자리에는 작지만 아주 잘 조성된 우거진 숲이 있다. 여름마다 천막을 설치하지 않고 숲의 공간을 활용하면 신호대기하면서 햇살도 피하고, 간단한 쉼터도 될 것 같다는 주민들의 제안이 있었다. 좋은 생각이라 담당 부서에 요청을 했다.

담당 부서의 첫마디는 '어렵습니다'였다. 그러나 몇 번의 회의와 논의 끝에 작은 벤치를 설치하기로 했다. 무더위 쉼터 역할을 할 수 있도록 최대한 숲을 헤치지 않고 간단한 공간을 조성했다. 함께 애써주신 분들에게 감사드린다.

행정이 이렇다는 걸 현장에서 직접 느꼈다. 조금만 더 생각의 전환을 했었더라면 좋았을 텐데 하는 안타까움과 한편으로 이런 행정에 속수무책으로 집행되는 예산의 낭비를 우리는 지금껏 모르고 그냥 넘어가고 있었다. 화가 나기도 했지만, 주민과 행정을 연결하는 작은 과정에서의 성과라 생각했다. 사소한 것부터 관심을 가지고 챙겨야겠다는 다짐의 좋은 사례였다.

이 작은 성과는 내게 큰 깨달음을 주었다. 정치는 눈에 보이는 성과보다, 사람과의 신뢰와 끈기에서 시작한다는 것. 그리고 주민과 눈을 맞추며 주민이 원하는 바를 제대로 인식하고, 예산 낭비 없이 지속 가능한 정책으로 이어져야 한다는 것. 발로 뛰는 경험이야말로 정치 초년생에게 가장 강력한 무기라는 사실을 몸소 체감했다.

침수 민원의 재구성: 3년 묵은 서류를 뒤집다

쉬는 날이었다. 한 통의 전화를 받고, 며칠 전 엄청난 양의 비가 내려 침수 피해를 당한 현장으로 갔다. 원래 이 지역은 옆에 매호천이 흐르는 저지대의 농지가 있는 곳이다. 3년 전 인근 농지를 매입해 도로를 내고 매화교라는 왕복 2차선의 다리를 건설하면서 고지대에서 저지대로 내려오는 물의 흐름을 막아버렸다고 한다.

저지대 농지에서 농사를 짓는 농민과 2시간여를 이곳저곳 다니면서 처참한 피해 현장을 살폈다. 어떠한 이유인지는 알 수 없으나 양 갈래로 이어져야 할 수로는 한쪽 방향으로만 흘렀고, 그것이 원인이 되어 침수 피해가 생긴 것이었다.

18년 동안 농사를 지으면서 비로 인한 침수의 피해는 없었다고 했다. 살펴보니 침수의 원인은 3년 전 도로 건설로 인해 제방이 생겼으나, 제대로 된 수로 확보가 없어서 일어난 인재였다. 산에서 내려오는 빗물의 수로가 저지대 농지에서 하나

의 수로가 되어 결국 병목현상이 발생해 침수된 것이었다. 인
사를 드리고 가슴 아픈 현장을 나섰다.

이 침수 피해는 예견된 사고라는 판단이 섰고, 이후 해결
해야 할 일 또한 많았다. 우선 피해보상과 개선책을 마련해야
했다.

침수 피해 문제는 몇 년 동안 해결되지 않은 채 쌓여 있었
다. 3년 치의 행정 서류를 파헤치면서 문제의 원인을 분석했
다. 도로 건설, 예산 문제, 책임 전가, 담당자 교체 등 이유는
다양했지만, 해결되지 않는 현실은 같았다.

내가 농부의 아들이기에 감정이 앞섰지만 일시적인 감정적 호소를 버리고 논리로 접근했다. '미래의 사고 보상금이 지금의 수리비용보다 크다. 지금 투자하면 장기적으로 모두가 이익'이라는 논리를 펼치면서 행정을 설득했고, 결국 문제 해결의 실마리를 찾아냈다.

인근 저지대와 바로 옆 매호천의 범람을 막기 위한 간이 펌프장을 추가로 설치하기로 하였고, 수로 개선과 확장, 보수 공사도 약속하였다. 하천 옆 도로 확장 등 계획된 사업도 있었다. 진행하되 비슷한 피해가 없도록 더 꼼꼼하게 챙길 것을 요구했다. 농민들의 피해보상도 현실성 있게 지급되도록 했다.

주민 안전을 지키는 정치의 시작: 대구 수돗물 사태

6월 13일 선거가 끝나고 긴장된 여운도 가시기 전에 당선인 신분으로서 받은 첫 민원은 신종 유해 물질이 다량으로 검출된 대구 수돗물 사태였다.

낙동강 오염으로 대구 시민이 불안해하고 있었을 때였다. 원래 청도 운문댐 계의 고산정수장에서 급수받았으나 가뭄으로 인해 현재는 낙동강 매곡정수장에서 급수하고 있다니 진상 파악 후 시정조치를 부탁한다는 내용이었다. 대구 수돗물

관련해서는 대구시에서 관리하는 대구 상수도 사업본부에서 하고 있기에 자치단체 특히 구의원의 신분, 그것도 당선인 신분으로서 딱히 해결할 수 있는 것이 없었다. 수돗물로 인한 주민들의 불안함이나 답답함을 모르는 바가 아니기에 당선인이기 이전에 주민 한 사람으로서 해야 할 일들을 찾아보았다.

우선 이렇게 요약했다. '이번 대구 수돗물 사태와 관련하여 시민들이 많이 불안해하고 있다. 발표되는 상수도 사업본부의 내용을 믿을 수 없다고도 한다. 대구시와 상수도 사업본부에 불안해하는 시민들의 의견을 명확하게 전달하고, 조속한 전수조사를 통해 수돗물 사태에 따른 시민들의 불안감을 해소할 수 있는 실질적인 조사와 명확한 답변을 요구해야 할 것이며, 향후 취수원과 관련해서도 대구 시민의 안전과 안심할 수 있는 식수원 보급을 위해 구미시와의 원만한 해결과 함께 실질적인 취수원확보가 필요하다. 또한, 이번 사태와 관련해 대구시의 늑장 발표 과정에 따른 진상 파악과 뒷북 행정에 따른 관련자들의 진정성 있는 답변 및 해결책을 요구하도록 해야 할 것이다.'라는 내용의 입장으로 임기가 시작되지는 않았지만 주민의 대변인으로서 역할을 하기로 했다.

구청의 관련 부서에 연락해서 과정에 대한 설명과 주민 이해를 위해 애써달라는 의견을 전달했다. 대구 상수도 사업본부에도 당선인 신분이었지만 답답한 마음에 직접 전화했다.

순간 느꼈던 것이지만 '일반시민의 전화였더라도 다르지 않은 답변과 반응이었을까' 하는 생각이 들었고, '지금 이 과정이 앞으로 민원 해결을 위한 소중한 경험을 하고 있구나'라는 생각이 들기도 했다.

결국, 이곳저곳 내가 할 수 있는 일들을 찾아 나섰지만 직접적인 해결책은 아니었고, 불안해하는 주민들에게 정확하고 빠른 정보를 제공하는 게 최선이었다. 그나마 잘못된 정보가 주민들에게 전해져서는 안 된다는 것과 위급한 상황에 늑장 대응의 행정이 되어서는 안 된다는 것은 확실했다.

민원인은 그것만으로도 고마워하셨다. 나에겐 주민과의 소통과 이해, 빠른 정보제공으로 신뢰를 쌓을 수 있었고, 구의원의 역할과 존재 의미에 대해 느끼는 소중한 계기가 되었다.

라돈 침대 사태

2018년 5월 유명브랜드 침대에서 라돈이 검출되어 큰 사회적 불안감과 논란이 되고 있었다. 라돈 함유 매트리스가 언론에 보도된 최초의 계기는 공식적인 품질검사가 아니었다.

○○침대에서 만든 음이온 침대를 구매했던 한 소비자가 보급형 라돈측정기를 그냥 한번 써봤다가 수치가 너무 높게 나

와 놀라서 제보를 한 것이었다.

이에 한 방송사는 ○○침대의 4개 모델 7,000여 개에서 기준치를 훌쩍 뛰어넘는 라돈이 검출됐다고 밝혔다. 이후 각 언론사들이 라돈 침대 기사를 홍수처럼 내놓으며 라돈의 위험성에 대한 엄청난 사회적 파장을 불러오고 있을 즈음 ○○침대 측에서는 사과문과 함께 판매 중지 조치를 선언했다. 사후 조치를 소비자들에게 안내하였는데, 해당 제품을 동급의 매트리스로 생산 일정에 따라 교환해 준다는 것과 제품의 리콜은 자체 계획에 따라 빠른 시간에 시행하겠다는 것이었다.

이후, 원자력안전기술원에서 처음 조사한 바에 따르면 총 7개 제품에 2010년 이후 생산된 수량이 총 61,406개였고 추가로 조사한 결과 14종에 생산된 제품만 87,749개였다. 결국, 원자력안전위원회에서는 행정명령을 내렸고 사건이 발생한 후 한 달이 지나서야 우정사업본부(우체국)를 통해서 수거하기로 했다. 하지만 이마저도 기준 생산연도와 맞지 않는다고 수거 거부를 하는 등 국민적 불안과 혼란은 더욱 가중되고 있었다. 대진 침대 적환장이 있는 당진 지역의 주민들은 반입을 반대하는 집회가 이어지는 등 반입 반대에 대한 청와대 국민청원까지 진행되었다. 라돈 함유 매트리스에 대한 국민의 불안은 극도로 증가하였고 쏟아지는 반품 물량에 보관할 창고나 집하장이 턱없이 부족할 수밖에 없었다.

수성구도 예외는 될 수 없었다. 난감하고 해결이 어려운 민원임은 분명했다. 정부와 대기업에서조차 손을 못 댈 정도로 국민과 소비자들의 불안과 원성이 커진 시점에 기초지자체에서 할 수 있는 일이라곤 눈 가리고 아웅 정도였다. 7월 초에 접수하였으니 당선되고 의정 활동을 시작하자마자 들어온 민원이라 집행부와의 소통도 크게 없었던 시점에서 해결해야 해 어리둥절한 면이 없지 않았다. 할 수 있는 데까지 최선을 다해 보기로 결심하고 민원인과의 소통을 시작하였다.

구청 안전총괄과와 자원순환과, 대구시 환경과와 폐기물과 담당자와의 소통, 대구시 환경자원사업소 즉 매립장과 소통을 이어갔지만 이런저런 사정으로 인해 해답을 찾기에는 역부족이었다. 일시적으로 수거해서 적환을 한다고 하더라도 장소 문제도 문제이지만 주민들의 역민원이 발생할 것이라 했다. 유해 물질을 집 근처에 적환하는 걸 허락하지 않는다는 것이다.

○○침대 측에서 수거해 가기로 한 날짜는 지나가고 민원인들의 불안은 더욱 커지고 집행부에서도 난감해하는 상황이 며칠 계속되었다. 외진 곳에 임시 적환장을 만들어 보관하자는 의견과 비어있는 월드컵경기장 쪽 주차장을 사용하자는 의견, 민원인들이 그것도 안 된다면 구청 옥상에라도 임시 보관을 하라는 등 다양한 방법으로 수거와 보관에 대한 항의가

이어졌다. 오랜 시간이 흐른 뒤에 해결은 되었지만, 일사천리로 해결이 안 된 점에 대해선 안타까움과 구의원으로서의 한계를 느낄 수밖에 없었다.

이젠, 다음을 어떻게 할 것인가 고민을 해야 했다. 앞으로도 라돈 같은 발암물질은 일상 속 어디서든 검출될 수 있기에 사전 예방과 함께 대안 마련이 필요했다. 그래서 준비한 게 첫 구정 질문이었다.

주민의 민원으로부터 시작된 민원의 해결 과정에서 행정의 답답함과 한계, 주민과 행정의 소통 통로와 전달 경로, 해결 과정에 보이지 않는 벽이 있음을 실감할 수 있었다. 현장에 답이 있음을 다시금 알았고, 그 현장에서 주민을 위한 정책이 있음을 알게 된, 길었고 힘든 해결 과정이었다.

구정 질문 이후 마침내 실태 파악이 이루어졌고, 라돈 침대 회수에 대한 안내문 배포와 행정복지센터를 중심으로 주민들에게 선제적 안내가 이루어지게 되었다. 라돈 측정기는 즉시 구입을 해 각 동 행정복지센터에 비치하고 대여를 할 수 있게 되었다. 하지만 우리 구의 임시 적환장 마련은 장소 등에 주민들의 협조가 이루어지지 않아 설치를 못 하였고, 법률 제정에 대한 건의는 서면으로나마 이루어진 게 다행이라 생각한다.

대기업에 의해 피해를 입은 주민들을 정부가 해결해 줄 거라고 뒷짐만 지고 가슴앓이만 하고 있기보다는 기초지자체이지만 할 수 있는 것부터 찾아서 하나씩 해결해 간다면 최소한 주민들의 심리적 안정감과 불안감은 해소될 거라 믿는다.

지방자치 시대라는 말만 번지르르하게 하는 게 아니라 실질적이고 피부로 와닿는 정책과 행정이 필요함을 처음으로 절실히 느끼는 사례가 되었다. 행정부와의 끊임없는 소통과 논의 과정이 있었지만 구정 질문을 하기 전까지 잘 풀리지 않은 것은 행정부의 한계이다. 물론 초선인 나의 한계일 수도 있다.

시기적으로는 조금 늦었지만, 주민들은 큰 피해 없이 위기를 넘겼고, 예방책과 향후 개선 방안까지 마련되었기에 일차적으로는 만족하는 첫 민원이자 구정 질문이었다.

초선 구의원에게는 국가적 재난마저 시험대였다. 수돗물 오염 사태와 라돈 침대 사태에서 주민들은 불안과 분노 속에 있었다. 지자체가 뒷짐 지고 있는 상황에서 직접 정보를 수집하고, 주민 안전을 위한 대책 마련을 요구했다. 처음에는 목소리를 내는 것조차 버거웠지만, 점점 그 목소리에 힘이 실리고 책임감이 생겨났다.

초선의 정치란, 작은 목소리를 모아 큰 변화를 만드는 일이라는 사실을 몸으로 배우는 시간이었다.

하루 7건의 민원이 나를 행복하게 만들다

　한여름에 휴가철임에도 7건의 주민 목소리가 들려왔다. 수성요양병원 뒤 우수관에 안전망을 설치해 달라, 불법으로 배출되는 쓰레기를 치워달라, 모기나 유해곤충이 발생하기 때문에 공원 주변에 제초작업을 해달라, 길고양이가 학대를 당했으니 해결해 달라, 학생들의 보행 안전이 위협받고 있으니 보행로를 확보해 달라, 신호등이 고장 났다, 놀이터의 바닥을 보수해 달라. 상을 받은 느낌의 하루였다.

　민원이란 게 즉시 해결되고 처리될 수 있는 내용이 있는 반면에 시간을 두고 정책적으로 검토해야 하거나 예산이 수반되어 예산 편성과 승인 절차가 필요한 내용도 있다. 상당한 시간이 소요될 뿐 아니라 주민들의 공감대와 동의를 받아내야 하는 내용들도 있다. 우선 해결을 할 수 있는 것부터 처리해 나가기로 했다. 다행히 집행부 공무원분들의 빠른 협조가

큰 도움을 주었다.

보행 안전이 위협받는다

　초등학교 주변의 보행 안전 관련 민원이 들어왔다. 학교 주변인데 인도도 없고 안전봉도 설치가 되어있지 않아 아이들과 주민들이 보행에 위험하다는 것이었다. 생활도로라 차량도 양방향으로 겨우 교행하고 있어 인도의 설치는 현실적으로 어려운 지역이었다. 마음 같아선 일방통행으로 변경하고 양쪽으로 인도를 설치하는 방법이 최선이었지만 이를 위해서는 인근 거주민들의 동의가 있어야 했다. 좁은 도로에 인도나 볼라드를 설치하면 차량 교행이 어렵고 주변 상가들의 역민원이 발생한다. 상가를 운영하는 주민 입장에서는 잠시라도 가게 앞에 차량을 정차할 수 있게 배려해 달라는 입장이고, 주민들이나 등하교를 하는 아이들과 학부모 입장에서는 안전한 보행로가 반드시 필요한 상황이었다.

원칙적으로 어린이보호구역 내에선 아이들의 안전한 통학로 조성이 우선이다. 학교 앞 안전한 통학로 조성과 안전한 동네를 조성한다는 건 너무나 당연한 일이다. 당시 민식이법 등의 시행으로 학교 앞 주정차금지와 제한속도 준수, 보행로 개선에 대한 제도나 정책이 조금씩 시행되고 있었다. 하지만 몇 년 전까지만 하더라도 주민 간의 공감대 형성과 이해와 배려가 없으면 역민원으로 인해 행정에서도 애를 먹었다.

또 하나의 문제는 아이들의 등하교 시 부모님들의 차량이었다. 도로는 좁은데 불법주정차된 차들로 인해 교통체증은 예견된 일이었다. 문제 해결은 쉽지 않았다. 우선 상가 주인들의 반대가 가장 심했다. 담당 부서와 소통을 하면서 현장을 가보았지만 답이 없었다. 우선 홍보 현수막을 걸기로 했다. 불법주정차구역을 설정해 단속을 하면서 계도를 하자는 계획이었으나, 현수막을 걸자마자 항의 전화가 빗발쳤다. 주차 공간도 마련해 주지 않고 단속만 하면 어떡하냐는 것이었다. '수십 년을 지금처럼 주차를 하고 살았는데 이제 와서 단속하면 차를 사지 말라는 말이냐?' 단속하되 주차 공간을 마련해

달라는 것이다.

우여곡절 끝에 아이들의 등하교 시간대에만 단속하는 걸로 합의점을 찾았다. 어린이보호구역의 불법주정차는 반드시 사라져야 한다. 지금은 작은 합의로 서로 조금 불편함이 있는 상태지만 언젠가는 풀어야 할 숙제이다. 이후에 학교 앞 어린이보호구역의 실질적인 적용과 아이들의 안전을 위해서 담당 부서와 소통했다. 현장을 방문하고 주민들의 의견을 들으면서 의회 내에서의 발언과 정책 제안으로 학교 앞을 조금씩 안전한 곳으로 바꾸어 갔다.

변화는 일방적인 정책 추진으로 되는 것이 아니다. 양방향 소통으로 양보하고 배려하고 이해하면 기존에 생각했던 그 이상의 결과와 성과를 만들어 낼 수 있다. 이를 위해 의정 활동 내내 더욱 관심을 가질 것이며, 정치를 시작할 때의 초심을 잃지 않을 것이다.

빗물이 만든 '멀리뛰기 횡단보도'의 고충 그리고, 기분 좋은 밤 산책길

크고 거창한 사업만이 구민을 위한 정책은 아니다. 주민들이 일상에서 겪는 작은 불편과 위험을 제거하는 것이야말로 진정한 생활 정치다.

내가 현장에서 마주한 한 대로변 교차로 앞 횡단보도는 주민들에게 불편을 넘어 위험을 주는 공간이었다. 비가 그친 후에도 횡단보도 앞에는 물이 제대로 빠지지 않고 고여 거대한 웅덩이가 만들어지곤 했다.

보행자들의 고충은 심각했다. 차량들이 고인 물을 밟고 지나가면서 물 튀김 피해가 빈번하게 발생했고, 보행자들의 옷을 순식간에 적셨다. 횡단보도를 건너야 하는 사람들은 웅덩이를 피하기 위해 '멀리뛰기 하듯이' 불안하게 건너야 했으며, 특히 좁은 교통섬에서 신호를 기다리던 사람들은 물 튀김을 피할 공간조차 없어 피해를 고스란히 감수해야 했다. 이 문제는 사소해 보일 수 있지만, 보행자의 안전과 쾌적한 이동권을 심각하게 침해했으며, 휠체어 이용자 같은 교통약자에게는 이동 자체를 막는 장애물이었다.

현장을 방문하고 관계 부서와 논의를 진행한 결과, 물 고임의 원인은 역설적이게도 안전을 위해 설치된 시설에 있었다. 지난해 차량 감속을 유도하여 보행자 안전을 확보하기 위해 조성한 '고원식 횡단보도'가 문제의 근원이었다.

'교통섬 뒤쪽의 횡단보도를 높이는 과정에서 대로변 횡단보도 가장자리 쪽의 물길(배수 경사)이 틀어지거나 인도 블록의 수평이 맞지 않게 시공되었던 것'이라고 한다. 전문적인 내용을 모르는 나의 기준이긴 하지만, 이해가 되지 않는 부분이 많았다. 어찌 되었든, 어떤 이유로든 빗물이 원활하게 빠지지 못하고 웅덩이를 만들면서, 그들의 설명대로 안전을 위한 시설물이 오히려 새로운 불편을 야기하는 아이러니한 상황이 발생하고 있었다.

즉시 해결책 마련에 집중했다. 복잡한 대공사가 아닌, 현장의 문제점을 정확히 겨냥한 섬세한 조치가 필요했다.

물이 고이지 않고 자연스럽게 배수구로 흘러 나갈 수 있도록 횡단보도 가장자리 바닥을 경사지게 재포장하여 물길(배수 흐름)을 확실하게 잡았다.

작지만 소중한 조치 덕분에 이제 비가 온 뒤에도 횡단보도와 교통섬 주변에 물이 고이지 않게 되었다. 또한, 바닥의 경사가 부드럽게 조정되면서 기존에 턱 때문에 불편했던 휠체어 이용자들의 횡단보도 진입과 통과도 훨씬 안전하고 원활해졌다.

민원을 보내준 주민은 감사하다는 말씀과 함께 이곳을 지날 때마다 내 생각이 난다고 하셨다. 몇 년이 지난 지금도 가끔 안부 전화를 주시는 이분은 나에겐 소중한 주민이었고, 그 이후로 나의 지지자가 되었다.

연휴 마지막 날 밤, 이곳을 지나며 기분 좋게 밤길을 산책할 수 있었다. 물 튀김 걱정 없이 안전하게 이어지는 보행자들의 발걸음은 현장에서 답을 찾는 생활 정치의 가치를 다시 한번 되새기는 시간이었다.

안전 사각지대를 밝히는 나의 다짐

추석 연휴를 앞두고 재건축 현장 주변에 사는 주민분들을 만났다. 동네 골목 안 작은 커피숍은 이웃 간의 소식과 정이 오가는 곳이기도 하다.

아주 오래된 아파트가 헐리고 다시 지어지는 과정은 분명 지역 발전에 필요하지만, 그 과정에서 주민들이 겪는 고통은 너무나 현실적이고 소외되어 있다. 소음, 진동, 건물 균열 같은 크고 복잡한 민원은 물론이고, 어쩐지 가장 사소해 보이면서도 가장 중요한 문제, 즉 주민들의 일상 안전에 자꾸 눈길이 갔다.

아파트 철거 후 골목길은 갑자기 깊은 밤처럼 어두워져 버렸다. 주민들은 안전과 보안을 걱정하며 CCTV와 보안등 설치를 요구했다. 정말 당연한 이야기다. 이웃의 집이 사라지면서 갑자기 공포감을 느껴야 한다니, 이건 분명 구정이 놓쳐서는 안 될 부분이다.

가장 화나는 건 현장의 무질서였다. 좁은 골목 코너에는 공사장에서 나온 폐기물이 엉망으로 방치되어 있었고, 철거 담장 바닥은 온통 파손되어 차량이 지나거나 주민들이 걷기에 너무 위험했다. 이런 보이지 않는 사각지대의 불편함이 사실은 주민들에게 가장 큰 피해를 준다. 안전은 아무리 강조해도 지나치지 않는다는 말을 다시 한번 되새겼다.

현장에서 주민들께 하나씩, 반드시 해결하겠다고 약속했다.

우선, 눈앞의 위험부터 제거했다. 방치된 폐기물은 즉시 처리하도록 조치했다. 그리고 어두운 골목을 밝혀줄 보안등은 그달 중에, 방범용 CCTV는 예산 문제로 인해 그해 안에 설치될 수 있도록 관계 부서와 협의를 완료했다. 파손된 바닥의 보수와 함께 안전 펜스, 소음 측정기 설치도 진행했다.

그리고 골목 주차난. 주민들이 가장 힘들어하는 문제였다. 이웃 간의 갈등을 줄이고 통행을 원활히 하기 위해 일방통행 도로 지정을 제안했다. 감사하게도 주민들께서 흔쾌히 동참의 뜻을 모아주셨다. 덕분에 이 동의를 바탕으로 구청과 경찰청에 일방통행 도로 개선을 정식으로 제안할 수 있게 되었다.

재건축 현장의 민원 처리 과정은 늘 복잡한 이해관계가 얽혀 있어서 해결의 실마리를 찾기가 어렵다. 하지만 이렇게 생활 주변의 안전 문제를 해결하고, 주민들이 직접 참여하는 정책을 만들어 갈 때 현장 의정 활동의 진심이 가장 잘 전달된다고 믿는다.

이 골목길의 안전이 완전히 확보될 때까지 지속적인 관심을 놓지 않을 것이다. 모든 주민이 걱정 없이 편안하게 밤 산책을 할 수 있는 그날을 위해 오늘도 발로 뛰는 우리 동네 구의원의 역할을 다할 것이다.

바로 옆 동네에서 진행되는 재개발 현장도 다녀왔다. 아니나 다를까, 그곳에서도 주민들의 민원이 쏟아지고 있었다. 재개발이나 재건축 과정에서 주민 피해가 전혀 없을 수는 없지만, 늘 마음 아픈 건 '민원이 발생한 후에야 움직이는 행정'이다. 한두 곳 진행되는 공사 현장이 아닐 텐데, 왜 꼭 주민들이 고통을 호소해야만 사후약방문식으로 조치가 이루어져야 하는지. 사전 예방 조치야말로 행정이 반드시 지향해야 할 방향이다.

현장에서 주민들의 고충을 듣고, 곧바로 구청 담당과와 시공사 측과 협의하여 재발 방지 및 피해 최소화를 위한 조치 사항들을 확정지었다.

미세먼지 측정기와 소음 측정기를 주민들이 확인할 수 있도록 외부에 비치하기로 했다. 수치로 피해 정도를 확인할 수 있게 하는 것이 투명성의 시작이다.

특히 소음과 진동을 유발하는 발파 및 땅파기 작업 일정은 주민들에게 사전에 상세히 공개하도록 했다. 대비할 시간을 드리는 것이 최소한의 예의다.

또 건설 기계에서 뿜어내는 매연으로 인한 주민 피해의 근본적인 해결책을 마련하도록 시공사에 요구했다.

소음의 주범 중 하나인 에어컴프레서 기계실 주변에는 소음을 줄일 수 있도록 방지 펜스를 설치하기로 했다.

가장 논의가 필요했던 부분은 주택가 쪽 펜스 높이 문제였다. 도로 쪽 펜스는 높게 설치되었는데 주택가 쪽은 높이가 맞지 않아 보안 문제가 제기되었다. 하지만 그쪽 지반이 약한 관계로 무작정 설치할 수는 없어서, 집주인과 충분히 협의 후 안전하게 펜스를 설치하기로 합의했다.

현장 방문을 통해 다시 한번 느꼈다. 민원은 그저 해결해야 할 업무가 아니라, 미처 살피지 못한 주민의 일상이다. 공사 현장이 끝날 때까지 긴장의 끈을 놓지 않고, 민원이 발생하기 전에 선제적으로 조치하는 행정이 될 수 있도록 끊임없이 목소리를 낼 것이다.

동산초 통학로 2년의 기록: 문전박대와 줄다리기

동산초 통학로, 수십 년간 수많은 정치인이 이 길을 지나쳤으나 관심이 없었고, 인지는 했으나 해결하지 못한 고질적인 안전 사각지대였다. 이 길은 단지 도로가 개선된 것을 넘어 주민들의 오랜 염원이 실현되고, 아이들의 안전이 최우선이 되는 새로운 지역공동체의 상징이 되었다.

통학로 개선 사업은 가장 큰 숙원이었다. 2년의 끊임없는 노력과 지치지 않는 끈기와 열정, 거기에 학부모들의 응원과 지지가 있었기에 포기하지 않고 해낼 수 있었다.

걸어 다닐 공간조차 없이 꽉 끼인 왕복 2차로 차도만 있는 학교 앞 어린이보호구역이었다. 정말 뿌듯하고 기분 좋은 일이었다. 나 스스로에게도 이 의미 있는 성과를 해냈다는 것에 격려를 보낸다.

2018년 11월 처음으로 지역주민, 학부모, 학교로부터 의견 수렴을 거쳐 동산초등학교 운영위원회 간담회, 구청의 도시디자인과·건설과·교통과·공원녹지과에 순차적으로 제안 및 현장 답사, 지역 케이블방송국에 의원발언대 출연 및 진행으로 필요성 제기와 주민 공감대 형성, 대구시 어린이회관 부지 사용 협조, 대구시 도시계획시설 변경 협조, 어린이회관 부지 영구 무상 임대 사용 협조, 구청 예산 편성, 의회 본예산 확보, 도시계획시설 변경 결정, 실시계획용역 발주, 도시계획위원회 협의, 용역 완료, 실시계획 고시, 공사 착공, 2020년 12월 준공. 이 순서로 딱 2년이 걸렸다.

예산도 예산이지만, 도시계획시설을 변경하고 대구시 소유 부지를 어떻게 협조하느냐가 큰 관건이었다. 돈을 들여 대구시 부지를 매입하기엔 무리가 있었고, 특히, 이곳은 공원 부지라 도시계획시설 변경이 안 되면 사업을 시작도 못 하는 상황이었다. 당시 민주당 강민구 시의원께 큰 도움을 받았다. 대구시에서 필요한 만큼의 부지를 영구 무상임대 해주겠다는

것이었다. 뜻밖의 호의에 감동이었다.

궁하면 통하고 두들기면 열린다고 했다. 폭을 3미터 넓히는 데 수많은 기관을 찾아다녔고, 수많은 담당자를 만났다. 아무도 하지 못한 일, 나도 중간에 포기하고 싶었지만 아이들의 안전이라는 단 하나의 명분으로 기관을 설득했다. 각 기관이 스스로 왜 이 사업을 해야 하는지 깨닫도록 만들고, 끝내 통하로 개신을 현실로 만들었다. 이 과정에서 정책적 당위성과 끈기의 중요성을 체감했다.

전봇대 하나 옮기기: 안전과 진심을 옮기다

골목길 어귀에 위태롭고 생뚱맞게 서있던 전봇대 하나. 수십 년 전에는 그 자리가 필요했겠지만, 세월이 흐르고 주민들의 안전이 최우선 가치가 되면서 그 존재는 더 이상 묵과할 수 없는 위험이 되었다. 좁은 길을 지나는 아이들과 보행자들은 차량과 전봇대를 피해 아슬아슬하게 몸을 옮겨야 했고, 걸으면서 잠깐 시선을 놓치면 부딪치는 위험도 있다.

그냥 보기엔 작은 전봇대 하나지만 오랜 시간 반복된 민원은 해결이 쉽게 되질 않았다. 이 작은 문제를 해결하기까지가 그리 단순하지 않다. 단순해 보이는 전봇대 하나를 옮기는 일에도 구청 여러 부서와 한국전력공사의 복잡한 협의 과정이 필요했다.

교통과와 건설과를 오가며 끊임없이 소통하고, 예산과 책임 소재를 조율해야 하는 과정이 이어졌다. 예산이 없어서, 한전과의 협조가 어려워서, 옮길 공간이 없어서, 오히려 옮기는 게 더 위험하다는 답변까지 있었다.

하지만 포기하지 않았다. 아이들의 안전과 주민들의 삶의 불편을 해소하겠다는 진심이 있었기에 끈질긴 설득과 협조 요청으로 작은 전봇대 하나를 옮길 수 있었다. 단순히 전봇대가 사라진 것이 아니라 소통과 노력, 그리고 주민 안전에 대한 진심이 담겨있다.

'전봇대를 옮기는 구의원'이라는 별명이 붙을 정도였다. 화려한 정책이나 거대한 사업이 아닌, 동네 구석구석의 작은 불편함을 인지하고 해결하려 했던 것, 그것이 진정한 주민자치이고 주민 생활 정치라 믿었다.

이 과정에서 깨달은 건, 정치란 단순히 법과 예산을 다루는 일이 아니라, 끝까지 포기하지 않는 집요함과 사람 간 설득이 핵심이라는 점이었다.

잊힌 온기, 연대의 손길: 비 오는 주말에 다시 찾은 집

가을비가 조용히 내리던 주말 오후, 지난봄에 이어 다시 한부모 가정을 찾았다. 빗방울이 유리창을 따라 흐르듯, 내 마음속에도 무거운 감정이 조용히 흘러내렸다.

수년간 깊은 우울증의 늪에서 벗어나지 못하고 계신 나와 비슷한 연령대의 여성분. 지난번 처음 방문했을 때보다는 집 안이 조금 나아진 듯했지만, 그 속을 들여다보니 안타까움은 여전했다.

우울증이 낳은 결과일까. 사용하지도, 먹지도 않을 물건과 음식을 충동적으로 구매한 흔적이 방 곳곳에 쌓여있었다. 포장조차 뜯지 않은 새것이 대부분이었고, 어쩌다 개봉했어도 한 번 사용 후 그대로 방치된 물건들이 가슴 아프게 눈에 띄었다.

게다가 지난 5월, 이 가정에 더 큰 시련이 닥쳤다. 건강검진 과정에서 암이 발견된 것이다. 몸과 마음이 더욱 피폐해진 상황. 다행히 동네에서 함께 활동하는 봉사회의 헌신적인 노력, 지역 언론 보도를 통해 기부 단체와 많은 시민들의 따뜻한 도움을 받아 수술비와 치료비를 일부 마련할 수 있었다.

하지만 이런 도움 역시 지속적일 수 없다는 현실이 우리의 마음을 더욱 아프게 한다. "지금 어머니는 암 투병을 위해 입원 치료 중이십니다. 이곳저곳 합병증까지 겹쳐 몸 상태는 좀처럼 나아지지 않고 있습니다."라는 자녀들의 눈물겨운 말 한마디, 외로이 남겨진 중학생, 고등학생 두 아들의 어깨는 얼마나 무거울까.

엄마의 병과 집안의 현실을 고스란히 짊어진 채, 이 아이들이 겪고 있을 마음의 상처와 외로움이 느껴져 가슴이 시렸다. 아이들의 상처까지 보듬어주는 일이 절실해 보였다.

사회 곳곳에는 우리가 미처 챙기지 못하는, 빛이 닿지 않는 소외된 분들과 가정이 너무나 많이 있다. 이분들이 스스로 회복할 수 있도록 체계화된 상담 치료와 회복 시스템이 절실하다. 그리고, 무엇보다 중요한 것은 보이지 않는 사각지대에 계시는 분들을 세밀하게 찾아내어 전수조사와 사례 관리를 통해 따뜻한 연대의 손길을 내미는 것이다.

비록 당장 우리가 할 수 있는 일은 몇 달째 방치된 물건들을 치우고 집 안을 정리해 주는 것뿐이었지만, 작은 도움이 이 가정에 잠시나마 온기를 가져다 주기를 바랄 뿐이었다.

세상은 결국, 더불어 살아가야 한다. 이 가정의 지속 가능한 삶을 위해, 구청과 함께 제도적인 방법을 찾아보는 것이 나의 다음 숙제였다. 이 세상에 외톨이로 남겨지는 사람이 없도록, 따뜻한 관심이 끊이지 않도록 노력할 것이다.

낡은 집을 떠나 새 보금자리로: 다시 찾은 삼 남매의 미소

마음이 뭉클하고 기분 좋은 하루다. 몇 개월 전, 위기가정을 방문했을 때의 기억이 다시 떠올랐다. 동네 봉사회 회원들과 함께 집 청소와 쓰레기 정리를 도왔던 그날이다.

낡고 비좁은 공간, 들어서기조차 엄두가 나질 않는 그곳에서 3남매만 살고 있었다. 어머니는 안 계셨고, 아버지는 생계를 위해 중국으로 떠나셨다고 했다. 소식은 뜸했고, 한 달 생활비라며 겨우 몇십만 원만 보내온다는 현실이었다.

더 가슴 아픈 것은 친권자인 아버지의 소득 때문에 아이들이 정작 필요한 행정 지원은 제대로 받지 못하고 있었다는 사실이다. 아동보호전문기관, 복지관, 그리고 구청에서

도 사례 관리를 하고 있었지만, 정작 아이들의 닫힌 마음을
온전히 열어주지는 못했던 것 같아 우리 모두의 관심이 절
실해 보였다.

그날, 내 눈에 들어온 가장 큰 문제는 바로 아이들의 보금
자리 그 자체였다. 눈비가 오거나 바람이 불면 금방이라도 쓰
러질 것 같은 오래되고 낡은 집. 화장실조차 제대로 없어 임
시로 설치된 이동식 간이화장실을 써야 했다.

게다가 그마저도 정식 거주지가 아닌 불법 임시 거주 공간
이었다니…. 그 비좁고 불안한 공간이 아이들의 세상 전부였
던 것이다. 나는 구청 담당 부서와 해결책을 찾기 위해 발에

불이 나도록 급하고 바쁘게 뛰어다녔다.

그리고 드디어 기쁜 소식을 받았다. 아동 후원 단체인 월드비전에서 이 가정을 돕기로 결정했다는 것이다. 인근 동네의 방 3칸짜리 작은 집으로 이사를 돕고, 보증금과 이사 비용 일체를 지원하여 아이들이 새로운 공간에서 안정된 생활을 시작할 수 있도록 해준다는 소식이었다.

보금자리를 찾았다는 소식에, 그동안 웃지도 않고 말도 없던 아이들의 얼굴에 드디어 환한 미소가 피어났다고 한다. 수줍게 자신들의 이야기, 일상 이야기를 하기 시작했다는 소식에 마음이 울컥했다. 불안했던 환경이 안정되자, 닫혔던 아이들의 마음도 서서히 열리기 시작한 것이다. 아이들의 꿈을 위해 꿈키움센터에서도 도움의 손길을 내밀어주기로 했다니, 이보다 더 좋을 수 없다.

이 작은 기적이 우리 모두에게 주는 메시지는 분명하다. 우리 사회의 따뜻하고 지속적인 관심이 아이들의 삶을, 그리고 미래를 바꿀 수 있다는 것. 앞으로도 3남매가 지금의 어려운 환경을 잘 이겨내고 사회에서 소외되지 않도록, 아이들의 밝아진 미소를 오래도록 볼 수 있도록 지역사회와 우리 모두가 그들의 곁을 지켜줘야 할 것이다.

초선의 통찰: 지방 정치의 힘

구의원이 된 후 주민과의 직접 소통을 통한 밀착형 생활 정치의 힘을 보았다. 지방의원의 가장 큰 가능성은 지역 주민의 삶과 생활에 가장 가까이 닿아있는 정치를 실현할 수 있다는 점이다. 중앙 정치가 거대 담론에 중심을 둔다면, 지방 정치는 주차장 문제, 쓰레기 처리, 골목 안전 등 일상의 작은 문제를 해결하는 데 주력할 수 있다. 주민의 민원에 빠르게 반응하고, 해결 과정과 결과가 주민들에게 직접적인 만족감으로 이어지는 것을 경험하며, 생활 정치의 효능감을 느낄 수 있다. 또 정치가 주민 속에서 함께하고 있고, 정치가 내 생활의 일부가 될 수 있다는 믿음과 관심 속에 신뢰를 형성할 수 있다. 이것이 정치의 기본이고 시작이 되어야 한다.

지방 정치는 정당과 이념을 넘어서는 정책 실현의 가능성이 열려있다. 중앙 정당의 이념 대립보다 지역 현안 해결이 더 큰 우선순위를 가진다고 생각한다. 따라서, 정파적 갈등을 넘어 지역의 실질적인 발전을 위한 정책에 집중할 수 있고, 특히 대구 같은 지역에서는 사람과 인물을 보고 투표를 하고 정치적 판단을 하는 계기가 될 수 있다고 본다.

지방의회는 더 큰 정치적 역할을 수행할 인재를 양성하는 무대가 된다. 지역에서 신뢰를 쌓은 풀뿌리 정치인은 중앙 정치의 복잡한 역학 관계와 무관하게 오직 지역민의 평가로 그 역량을 입증할 수 있고, 또 그렇게 되어야 한다.

지방 정치의 가장 큰 가능성은 정당의 벽을 넘어서 지역 주민과 깊은 신뢰 관계에서 비롯된 생활 밀착형 정치의 효능감이라고 생각한다. 중앙 정치의 영향을 최소화하고 지역 주민의 목소리를 최우선으로 반영할 때 지방자치가 얼마나 강력한 힘을 발휘할 수 있는지 보여준다고 본다.

Part 3

끈기와 배짱으로 쌓아 올린 4년

작은 승리와 좌절의 반복

초선 시절은 작은 승리와 좌절이 반복되는 시간이었다. 매번 해결되는 민원
은 성취감으로 이어졌지만, 또 다른 문제들이 기다리고 있었다. 그 과정에서
깨달은 건, 정치란 문제 해결뿐만 아니라 사람과의 신뢰, 끈기, 그리고 타이
밍의 예술이라는 점이었다.

의회 내부의 벽:
"내 지역구 아니면 안 된다"

수성경찰서 동편으로 경찰서 담장을 끼고 노상 공영주차장이 조성되어 있다. 생활도로인 이곳은 인도가 없는 도로인데 차량의 교행도 어렵고 노상에 조성된 주차장으로 인해 보행로가 전혀 확보되어 있지 않은 곳이다. 특히 학생들이 다니는 통학로이기도 해 더욱 보행환경개선에 신경을 써야 하는 곳이기도 하다. 하지만 이곳에 인도가 아닌 공영주차장이 노상에 조성되어 있으니 주차 공간은 확보가 될지 몰라도 보행자에겐 상당히 위험한 도로이다. 주민들의 항의와 집단 민원도 발생하는 곳이다. '이런 곳이 왜 아직도 해결이 안 되고 있을까'라는 의구심이 들었다.

2년 전 주민들의 집단 민원으로 인해 교통과에서 인도를 조성하기 위한 예산을 편성해 의회에 제출했지만 의회의 예산 삭감으로 취소되었다고 한다. 정당한 요구로 담당 부서에서 검토를 거쳤고 주민들은 예산이 편성되어 인도가 생겨 안전한 보행환경이 조성될 거라는 기대가 있었다. 나중에 안 일이지만 당시 해당 상임위원회의 의원들 대부분이 본인들 지역구가 아니란 이유로 예산 승인을 하지 않았다고 한다.

과거의 벽을 걷어내고 다시 건설과와 교통과에 협조를 구했다. 동료 의원들께도 한 명씩 찾아가 '공익의 가치와 아이들의 안전을 위해 도와달라'고 설득했다. 단순한 논리뿐 아니라 현장의 목소리를 전하고, 주민의 안전이라는 명분을 공유했다. 그렇게 설득을 반복하며 결국 예산 승인을 받을 수 있었고, 이듬해 공사는 순조롭게 진행되어 지금은 모두가 안전하게 다니는 인도가 조성되었다.

상가에서도 걸어 다니는 분들이 많기에 손님들도 안전하게 방문할 수 있게 되었고, 위험했던 거리는 한결 안전해졌다. 서로가 조금씩만 양보하고 배려한다면 우리가 사는 동네는 충분히 안전하고 깨끗해질 수 있다. 해보지 않은 일, 경험하지 못한 일이기에 불신이 있을 수 있지만, 시대의 변화와 흐름에 따라 서로가 공존할 수 있는 방법을 함께 머리 맞대고 고민하면 시간이 좀 걸리더라도 안 될 것이 없다.

한 가지 짚고 넘어가야 할 건, 2년 전에 예정대로 진행되었더라면 공사 금액 인상 없이 할 수 있었던 것을 20% 정도

인상된 예산이 투입되었다는 것이다. 결국, 주민들의 세금이 더 들어간 셈이다.

어둠을 걷어내다:
어느 환경미화원의 더 안전한 출근길을 위하여

음식물 쓰레기를 수거하던 환경미화원께서 음주운전 차량에 치여 사망하는 안타까운 사고가 발생했었다. 오십 대 초반이던 그는 삶의 현장에서 누구보다 열심히 살아왔을 터인데 인적이 드문 새벽, 노동 현장에서 사랑하는 가족의 품을 먼저 떠나야만 했다. 환경미화원은 야간이나 새벽 시간대에 일하다 보니 늘 위험에 노출되어 있다. 작업 시간의 주간 변경 등 근무 대책을 환경부에서 내놓았지만 현장에선 잘 지켜지지 않고 안전장치 또한 미흡한 것이 현실이다.

음식물 쓰레기 수거 차량 뒷부분에 올라타고, 이동 후 다시 내려 수거하다 보니, 위험에 노출되는 건 당연하다. 지자체에서 차량에 안전장치를 마련해 주지 못한 탓이 크다. 수거할 쓰레기 양은 많고 주어진 시간에 처리해야 주민들의 민원이 없다. 당시 수거 차량은 골목에서 수거 작업을 마친 뒤 도로변으로 나오던 중이었고, 뒤에서 달려오던 만취 운전자의 차량에 들이받힌 것이다.

이후, 행정사무감사에서 사고 경위와 문제점 등을 지적했다. 예견된 사고에 대한 소극적이고 안일한 행정을 질타하고 관련한 노동 조건의 개선과 안전을 보장할 수 있도록 하기 위한 몇 가지 대안을 제시했다. 한국형 저상청소차로 교체할 것, 주간 근무를 준수할 것, 3인 1조 원칙을 준수할 것, 처리 시설의 반입 시간을 늘릴 것, 차량 경광등을 설치할 것 등을 요구했다.

한국형 청소차는 지난 2018년 환경부가 환경미화원의 노동환경 개선을 위해 개발한 것이다. 청소차에 환경미화원이 쉽게 타고 내릴 수 있는 공간을 운전석 뒤에 따로 마련하고, 360도 어라운드뷰, 승하차와 외부 작업 확인 장치, 압축덮개 안전장치 등도 갖추고 있다.

제안했던 내용 중 환경미화원의 안전과 근로조건 개선을 위한 우선 조치로 한국형 청소차를 도입하는 것에 구청의 첫 반응은 소극적이었다. 매립장에 저상형 청소차 진입이 어렵고 예산이 없다는 이유였다.

매립장 진입이 어렵다는 건 변명으로 들렸다. 그러면 시행하고 있는 타 지자체는 어떻게 가능하냐고 물었고, 명확한 답변은 돌아오지 않았다. 도입해서 시행 중인 지자체에 견학을 거쳐 다행히 우리 구에도 도입과 운영이 가능하다는 답변을 받았다.

　모범적인 선례로 잘 운영되고 있는 지자체가 있는데 왜 우리는 안 된다고 했을까. 행정의 안일함과 소극적이고 비협조적인 관료주의에 빠진 탁상공론 행정은 반드시 개선되어야 한다. 필요한 것, 해야 하는 것은 의지를 가지고 대화하고 소통하고 설득하면 할 수 있다는 걸 다시 한번 느꼈다.

　내구연한이 도래되는 2대를 우선 한국형 저상청소차량으로 교체하기로 하고 예산 편성을 1차 추경에 반영해 의회 협조로 이루어낸 소중한 성과다. 운전석과 수거 공간 사이에 별도 탑승 공간이 마련돼 안전하게 작업을 할 수 있으며, 청소차 뒤에 매달려 이동하면서 발생하는 청소차 발판 낙상사고,

잦은 승·하차로 인한 환경미화원들의 무릎과 허리 부상의 요인이 해소될 것이다.

운전자와 현장노동자의 시야 확보를 위해 차량 주변을 360도 입체적으로 확인할 수 있는 어라운드뷰가 설치되어 작업 시 사각지대 없이 안전을 확인할 수 있게 되었다. 또한, 안전스위치, 긴급정지스위치, 쌍방향 통신 등 다양한 안전장치를 통해 환경미화원분들의 근무조건을 개선했다.

또 환경미화원 안전 대책으로 3인 1조 근무, 주간 근무를 원칙으로 정하고, 일부 상하차 기계 장치가 되어있는 곳은 2인 1조 근무를 할 수 있도록 했다. 차량 후면에 탈부착식 발판을 제거하는 대신 탑승 공간을 확보하고, 차량 색상도 밝은 연녹색으로 바꿔 눈에 잘 띄게 할 예정이다.

하지만 환경미화원의 안전 문제를 해결하기 위해 남은 문제도 있다. 대구시 음식물쓰레기 매립장 개방 시간이 오전 6시부터 오후 1시까지이기 때문에 야간작업이 불가피하다는 점이다. 환경미화원들이 주간작업을 하고 나면 매립장이 문을 닫을 시간이기 때문이다.

구청에서 협조해 준 것에 감사드린다. 야간작업을 하는 환경미화원의 근무 환경이 위험하다는 건 모두 알고 있는데, 사고가 나기 전에 이런 대책이 나왔더라면 하는 아쉬움이 크다. 앞으로는 이런 사고가 되풀이되지 않아야 한다. 한국형 저상

청소차량이 우리 수성구에 도입됨으로써 다른 구에서도 도입이 늘어날 것으로 기대한다.

요즘도, 우리 구를 누비는 한국형 저상청소차량을 볼 때면 뿌듯하다.

세상을 바꾸는 힘, 우리 동네에서부터:
빨대를 없앤 아이들처럼, 세상을 바꾸는 생활 속 실천

지금 우리는, 피해갈 수 없는 기후 위기의 시대를 살아가고 있다. 기후 위기 대응을 위한 탄소중립 녹색성장 조례를 제정했었고, 기후 위기 대응 환경특별위원회를 구성하여 위원장을 맡으면서 재활용정거장 설치와 한국형 청소차를 도입하는 등 우리 구에서 할 수 있는 일, 반드시 해야 할 일들을 찾아 실천했다.

미세먼지 저감을 위해 도로 비산먼지 방지용 친환경 비산 방지제를 사용하도록 했다. 예상치 못한 폭우와 폭염을 비롯한 자연재해는 기후 변화의 결과이다. 코로나19라는 바이러스로 전 세계가 공포에 떨었으며, 앞으로 또 어떤 바이러스가 창궐할지 그 누구도 예측을 못 한다. 분명한 건 바이러스는 기후 변화가 가져온 결과라는 것이다.

탄소 배출량을 줄이고 친환경 에너지로의 전환, 탄소발자

국을 줄이는 것까지 전 세계가 탄소중립을 위해 협약과 실천 노력을 하고 있다. 국가가 나서고 정치권이 나서 다가올 기후 위기를 극복하기 위한 첫걸음을 딛고 있다. 무엇보다 중요한 건, 인류가 함께 같은 생각으로 지구의 존립과 세대를 이어가는 지속 가능한 실천을 하는 것이다. 우리가 사는 주변에서부터 생활 속 실천을 통해 환경을 지키고 기후 위기에 대응하는 작은 행동이 필요하다.

유제품에 붙어있는 플라스틱 빨대를 없애달라는 지방의 한 초등학교 학생들의 제안으로 기업에서는 빨대를 없앤 유기농 멸균우유를 출시했고, 투명 페트병에 비닐라벨을 없애는 운동이 소비자들과 시민들의 제안으로 실천되고 구체화되고 있다. 소비자가 기업을 바꾸고 환경을 지키고 있는 것이다. 이렇게 세상은 시민의 힘으로 조금씩이지만 변화되고 있다.

마을에는 리필스테이션과 제로웨이스트샵이 하나씩 생겨나고 있으며, 업사이클링, 리사이클링 운동이 펼쳐지고 있다. 기업에서도 플라스틱과 일회용품을 줄이기 위한 다양한 노력이 이루어지고 있다. 기후 위기에 대응하고 탄소중립을 실천하는 것, 이제 일상이 되어야 한다. 조금 불편하고 번거롭더라도 다음 세대를 위하는 일에 함께해야 한다.

혐오 공간에서 주민 소통의 거점으로:
쓰레기가 아닌 자원, '재활용 정거장'을 제안하다

코로나19 바이러스와의 기나긴 전쟁은 우리 삶의 많은 것을 바꾸어 놓았다. 언제 또다시 이와 비슷한 바이러스가 창궐할지 모른다는 공포 속에서, 우리는 이러한 바이러스의 등장이 결국 기후 위기와 환경 위기에서 비롯되었다는 사실을 애써 외면하고 있는지도 모른다.

사회적 거리두기는 비대면 문화를 일상으로 만들었고, 우리는 택배와 배달 음식에 그 어느 때보다 의존하게 되었다. 그 결과는 참혹했다. 일회용 플라스틱, 스티로폼 등 폐합성수지류의 사용이 급증하며 감당하기 힘든 생활 쓰레기가 쏟아져 나오고 있다. 굳이 통계를 보지 않더라도 우리 모두가 현관문 앞에서 매일 목격하는 현실이다.

역설적이게도, 팬데믹으로 인해 인류의 이동과 만남이 줄어들었을 때, 우리는 미세먼지 없는 파란 하늘을 보았다. 우리가 사는 도시에서도 이렇게 깨끗한 공기를 마실 수 있다는 사실을 온몸으로 경험했다. '편리함'이라는 인간의 욕망을 쫓아가는 길의 끝에 인류의 미래는 없다는 불편한 진실과 마주한 것이다. 이제 많은 이들이 '코로나 이전(BC, Before Corona)'과 '코로나 이후(AC, After Corona)'로 시대를 구분해야 한다고 말한다. 그만큼 환경 문제는 먼 미래가 아닌, 지금 당장 해결해야 할 시급한 과제로 우리 앞에 다가온 것이다.

우리가 버리는 재활용 쓰레기는 사실 쓰레기가 아니라 소중한 생활자원이다. 하지만 우리는 이 자원을 제대로 활용하지 못하고 있다.

단적인 예로, 우리나라는 부족한 고품질 재활용 원료(페트병 조각)를 확보하기 위해 연간 2.2만 톤이나 수입에 의존하고 있다. 가정에서 투명 페트병 분리배출만 잘해도 연간 2.9만 톤에 불과한 국내 원료 확보량을 10만 톤까지 끌어올릴 수 있는데도 말이다. 수입 없이도 충분히 자급자족이 가능한데, 시스템이 작동하지 않는 것이다.

정부가 뒤늦게 공동주택을 중심으로 투명 페트병 분리수거 정책을 시행했지만, 현장에서는 여전히 혼란스럽다. 제대로 된 안내와 교육이 부족하고, 분리수거함조차 통일되지 않아 정착에 어려움을 겪고 있다.

더 심각한 문제는 따로 있다. 각 가정에서 배출되어 생활자원 회수센터로 모이는 재활용 자원 중 실제 재활용률은 40%에도 미치지 못한다. 회수 단계에서부터 일반 쓰레기로 분류되는 것이 20%가 넘고, 심지어 우리가 돈을 내고 버리는 종량제 봉투 속에도 재활용이 가능한 자원이 50%나 섞여 배출된다는 통계는 충격적이다.

수성구의 데이터를 직접 들여다본 적이 있다. 2020년 한 해 동안 수성구 생활자원 회수센터에 모인 재활용 가능 자원은 총 16,778톤이었다. 하지만 안타깝게도 이 중 절반에 달하는 8,557톤이 폐합성수지나 생활 폐기물 등 '잔재물'로 분류되어 사실상 재활용되지 못하고 버려진다는 것이다. 특히 문제는, 일반 주택가였다. 그물망 하나에 유색, 무색 페트병은 물론 온갖 종류의 플라스틱을 혼합 배출하다 보니 재활용률은 바닥을 칠 수밖에 없었다.

동네 구석구석은 쓰레기 불법 무단투기로 몸살을 앓고 있다. 몇 년 전부터 쓰레기 수거 방식이 거점 수거에서 '문전 수거(자기 집 앞 배출)'로 바뀌자, 내 집 앞에 쓰레기를 두기 싫거나 분리배출이 번거로운 일부 주민들이 가까운 공터나 골목길에 쓰레기를 마구잡이로 버리기 시작한 것이다. 수성구청 자료에 따르면 우리 구 전역에 111곳의 '쓰레기 거점 수거 지역'이 있다.

구청에서는 공공근로 인력을 투입해 관리한다고 했지만, 내가 직접 찾아가 본 현장은 이름이 무색하게도 '쓰레기장' 그 자체였다. 악취와 오물로 뒤덮인 그곳은 주민들이 가장 피하는 혐오 공간이 되어있었다. 그래서 근본적인 대안을 제안했다.

바로, 주택가에 '재활용 정거장'을 시범 운영하자는 것이었다. 이는 쓰레기 무단투기를 막고 도시 미관을 개선하는 차원을 넘어선다. 자원관리사를 양성하여 이 정거장을 운영하는 것이 핵심이다. 일자리사업이나 공공근로사업과 연계하여 전문 교육을 받은 자원관리사가 상주하며 주민들의 올바른 분리배출을 돕는 것이다.

재활용 정거장이 제대로 운영된다면, 그곳은 더 이상 혐오 공간이 아니다. 자원관리사는 단순한 환경미화원이 아니라, 주민들과 소통하며 올바른 자원 순환을 돕는 마을 환경 지킴이가 될 것이다. 재활용 정거장이 주민들의 소통 공간이 되고, 아이들에게는 일상적인 환경 교육의 공간이 되며, 나아가 우리 구의 환경 정책을 알리는 홍보 공간으로 거듭날 수 있다고 확신했다.

쓰레기를 버리러 왔다가 이웃과 인사를 나누고, 아이들은 페트병 라벨을 떼면서 자연스럽게 자원 순환을 배우는 그런 공간 말이다.

표지판 하나, '관심과 의지'의 무게:
같은 자리, 바뀐 표지판

출근길에 궁금한 민원현장이 생각나서 다시 찾았다. 1년

넘게 제자리를 찾지 못했던 바로 그 표지판이 있던 곳이다. 그곳은 초등학교 정문에서 100여 미터 떨어진 학교 담장이 채 끝나기도 전, 아이들의 주 통학로임이 분명한 지점이었다.

하지만 그곳에는 아이러니하게도 '어린이보호구역 해제' 표지판이 덩그러니 서있었다. 학교가 바로 코앞인데, 아이들이 여전히 인도를 걷고 있는데, 어른들의 법과 규정은 '이제부터 보호구역이 아님'을 선언하고 있었던 것이다.

운전자가 이 표지판을 보는 순간 어떤 생각을 하겠는가? '이제 속도를 내도 되는구나.' 아이들의 안전을 위한 최소한의 울타리가 가장 필요한 곳에서 사라지는, 실로 아찔한 현장이었다. 이 부조리한 표지판을 옮겨달라는 학부모와 학교 측의 요구는 1년이 넘도록 계속되었다.

학모의 말씀으로는 1년여 전부터 어린이보호구역 표지판을 최소한 학교 담장이 끝나는 곳으로 이동해 달라고 학교, 구청, 대구시, 경찰서에 민원을 제기했지만 서로 일을 미루고 있고, 심지어는 청와대 국민청원을 하라는 얘기까지 들었다고 한다. 행정의 벽이 높은 건지, 공무원들의 안일함인지, 이해가 되질 않았다.

몇 개월 전, 현장을 확인하고는 주민들께 책임지고 반드시 이동 설치하겠다고 약속했다. 그리고 드디어 그 표지판이 제자리를 찾았다. 늦었지만, 약속을 지킬 수 있어 안도하는 한편, 이토록 간단한 일을 해결하는 데 왜 1년이 넘게 걸렸는지 복기하지 않을 수 없었다.

관련 부서에 이 문제를 처음 제기했을 때, 이해하기 힘든 답변을 들어야 했다.

"오래전 대구시와 대구경찰청, 수성구청이 함께 어린이보호구역을 설정할 당시에는 지금과 같은 '개념'이 많이 부족했던 것 같습니다."

"표지판 하나를 옮기는 것도 절차가 복잡합니다. 현장 실사를 거쳐 '용역'을 발주해야 할 수도 있습니다."

귀를 의심했다. 개념이 부족했다는 과거의 실수를 인정하면서도, 용역이라는 행정 절차 뒤에 숨어 아이들의 안전을 방치하고 있었다. 표지판 하나를 옮기는 데 1년이 넘는 시간과 복잡한 용역이 필요하다는 말을 과연 어느 학부모가 이해할 수 있겠는가.

나는 이것을 절차의 문제가 아니라 명백한 관심과 의지의 부족이라고 단언한다. 행정의 최우선 가치는 절차의 준수가 아니라 시민의 안전이어야 한다. 특히 어린이보호구역처럼 아이들의 생명과 직결된 문제라면, 모든 규정과 절차는 그 목적을 위해 복무해야 한다. 탁상 위 서류가 아니라 현장의 아이들 눈높이에서 문제를 바라봐야 했다.

어린이보호구역은 아이들을 보호하기 위해 설정된 공간이

다. 그 이상도 이하도 아니다. 이 당연한 상식이 왜 현장에서는 이토록 무겁고 더디게 작동하는가.

같은 자리, 하지만 마침내 제자리를 찾은 표지판을 보며 다짐한다. 정치는 책상 위에서 이루어지는 것이 아니라, 주민들의 다급한 목소리가 있는 현장에서 시작되고 현장에서 완성되어야 한다. 우리 아이들의 안전에 대해 '이만하면 되었다'는 타협은 없어야 한다. 우리 모두의 더 날카로운 관심이 필요하다.

주인 없는 나무를 이식하고, 안전을 심다:
현장 행정의 작은 승리

아이들의 통학로는 세상에서 가장 안전하고 밝아야 할 길이다. 하지만 그곳이 수년간 방치된 위험지대라면, 그 책임은 고스란히 어른들의 몫이다. 사소하게 보일 수도 있지만, 오랫동안 해결되지 않은 문제의 응축된 모습을 보여주는 곳이기도 하다.

초등학교 정문 앞 통학로의 좁은 인도에는, 몇십 년은 되었을 법한 오래된 가로수가 서있었다. 문제는 이 나무가 전봇대와 전선에 뒤엉킨 채 고사 직전이었다는 점이다. 가지치기를 해도 소용이 없을 만큼 위험했고, 전선과의 마찰은 언제든 화재로 이어질 수 있는 불안 요소였다.

　더욱이, 힘차게 솟아오른 나무뿌리는 인도 블록을 들어 올려 보행로 전체를 울퉁불퉁하게 만들고 있었다. 좁고 협소한 보행 통로는 아이들에게 덫과 같은 위험지대가 되어 수시로 발이 걸려 넘어지는 사고가 발생했다. 밤이 되면 가로수 그림자가 드리워 더욱 어둡고 음습한 거리로 변해 학부모들의 불안은 이루 말할 수 없었다.

　몇 년째 학교와 학부모, 인근 주민들의 민원은 끊이지 않았다. 그러나 소중한 나무라는 생명 존중의 가치와 아이들의 안전이라는 최우선 가치가 첨예하게 충돌하면서 문제는 복잡해졌다. 단순한 가지치기로는 해결 불가능했고, 결국 나무를 옮기거나 제거해야 하는 상황이었다.

　문제 해결의 실마리는 '소재 불명'이라는 뜻밖의 현실에서 더욱 꼬였다. 동네 어르신들과 동사무소를 통해 수소문했지만 이 나무는 누구의 소유인지, 어느 부서의 소관인지조차 명확하지 않은 주인 없는 나무였다. 행정은 명확한 소관이 없거나 책임 소재가 모호하면, 나 몰라라 하며 가장 쉬운 방법으로 문제를 덮으려 한다. 이 문제 역시 복잡하고 까다롭다는 이유로 수년간 해결이 지연되었던 것이다.

　이것은 복잡한 절차의 문제가 아니라, 아이들의 안전에 대한 관심과 의지의 부족이라고 단언했다. 더 이상 방치할 수 없다고 판단하고 공원녹지과와 동사무소 등 관련 부서와 끈질기게 협의를 이어갔다. 단순히 나무를 베어내는 쉬운 길을 택하는 대신, 이식(移植)이라는 어려운 결단을 내렸다. 나무의 생명을 존중하면서도 아이들의 안전을 확보하는 유일한 해법이었기 때문이다.

그 노력의 결실로 인도에 심겨 있던 나무는 안전하고 넓은 곳으로 무사히 옮겨졌고, 솟아오른 바닥도 깔끔하게 보수 작업을 완료했다. 길을 지나는 아이들은 위험한 요소 없이 자유롭게 학교 앞을 지날 수 있었고, 학부모님들은 비로소 안도의 한숨을 내쉬었다.

이것이 전부가 아니다. 통학로는 넓고 밝아졌다. 겨울이 되면 휑한 벽면은 내년 봄, 아름다운 변화를 맞이할 것이다. 아이들이 직접 참여할 수 있는 예쁜 그림이나 타일 벽화로 벽면을 꾸며 활기를 불어넣고, 여름이면 담쟁이넝쿨이 벽면을 푸르게 덮어 안전한 길에 생동감을 더할 계획이다.

결국 현장에서의 작은 변화는, 안전과 환경이라는 두 가치를 조화시키려는 끈질긴 의지의 결과물이다. 복잡한 절차나 모호한 책임 소재 뒤에 숨어있던 문제를 끝까지 붙잡고 해결하는 것이 바로, 생활 정치의 역할이다. 이 길을 지나는 모든 아이가 안심하고 밝게 웃기를 바라며, 나 역시 끊임없이 현장의 목소리에 귀 기울일 것이다.

공공의 공간을 주민의 품으로

국립대구박물관은 공공의 것이다. 국립박물관답게 주차장은 크고 넓게 잘 조성되어 있다. 행사가 있는 날이나 주말을 제외하곤 큰 주차장은 늘 한산하게 비어있고, 주차장 출입구는 닫혀있다. 바로 옆으로는 일방통행 도로가 있고 가장자리는 인도가 없는 일반도로이다. 인근엔 행정복지센터가 있는데 평일엔 민원인들과 주민센터를 이용하는 주민들이 주차할 공간이 없어 사고의 위험과 주차 공간 문제로 주민들의 불편이 이만저만이 아니었다. 방법을 찾길 원했다.

더 큰 문제는 보행로가 없다는 것이었다. 보행로인지 도로인지 주차장인지 구분이 안 가는 곳이었다. 두 가지를 해결해야 했다. 주차 문제 해결과 보행로의 조성. 우선, 국립대구박물관 주차장을 개방하고자 했다. 행정복지센터나 상가를 방문하시는 분들이 주차할 수 있도록 배려를 해주는 것이다. 평일에 박물관 주차장을 개방하고, 불법주정차를 할 정도의 공간이 있는 길목이었기에 도로 옆으로 인도를 조성하려 했다.

교통과와 건설과에 제안했다. 돌아온 답변은 인도 조성은 가능하지만 야간에 주민 주차의 불편이 문제라는 것이었다. 주간이든 야간이든 도로변 주차는 모두가 불법이고, 특히 야간 불법주차는 대부분 바로 옆 아파트에 거주하시는 주민들인데 부서의 답변이 너무 궁색했다. 아파트에 주차 공간을 두고 굳이 노상에 불법으로 주차한다는 건 거절의 답변으로 설득력이 약했다.

시간은 좀 흘렀지만 결국 안전한 인도가 조성되었고 박물관 주차장도 평일엔 개방되어 넉넉하고 안전하게 주차할 수 있게 되었다. 해결되기까지의 행정 과정이 좀 길고 소극적이었지만 보행환경이 개선되고 주차의 불편함도 해소되었다. 애써주신 담당 부서의 공무원들과 국립대구박물관 측에도 감사드린다.

레드카펫보다 아름다운 옐로카펫:
아이들 안전을 위한 약속, 옐로카펫을 펼치다

어린이들의 안전은 그 어떤 것과도 바꿀 수 없는 중요한 가치이다. 내가 정치를 시작한 이유이기도 하다. 아이들이 안심하고 걸어 다닐 수 있는 동네를 만드는 것은 단순히 행정적인 업무를 넘어, 한 아이의 아빠로서 반드시 지켜야 할 약속이었다. 이러한 약속을 지키기 위해 어린이보호구역 내 교통안전 개선을 지속적으로 요구하고, 노력했다. 그 결실로 우리 구에도 아이들이 옐로카펫을 밟을 수 있게 되었다.

교통약자에는 어린이, 노인, 장애인 등이 있다. 그중에서도 특히 어린이들은 키가 작아 운전자에게 잘 보이지 않고, 교통흐름에 대한 상황 판단이 미숙하여 사고를 당하기 쉽다. 통계청 자료에 따르면 비의도적 사고로 숨진 어린이 중에서 보행 중 차량 충돌 등 통상적 교통사고에 의한 사망한 어린이가 42.5%로 만 14세 이하 어린이 사망사고 중 가장 큰 비중을 차지하고 있다.

어린이 교통사고를 예방하기 위해 횡단보도 근처를 노란색으로 조성한 공간이 바로 '옐로카펫' 존이다. 횡단보도 대기 공간을 노란색으로 표시하여 운전자가 멀리서도 아이들을 쉽게 인지하고 서행하도록 유도하는 교통안전 시설이다. 또한 아이들이 횡단보도를 건너기 전 지정된 구역 안에서 안전하게 기다리도록 돕는 역할을 한다.

실제로 국립재난안전연구원의 어린이보호구역 옐로카펫 시인성 분석 실험 결과 옐로카펫 설치 전에 비해 설치 후 운전자와 보행자의 시선 집중도가 35%에서 70%로 증가했다고 한다. 우리 구 전체 초등학교 주변에 확대 설치할 것을 제안했다.

초등학교 운영위원장을 맡고 있던 나는 학부모들을 자주 만났다. 그분들과는 아이들의 교육과 안전에 대한 얘기가 주를 이룬다. 많은 의견을 듣고 우리 구에 적용할 정책들, 내가 해야 할 것들, 할 수 있는 것들을 하나씩 풀어가기도 했다.

학교 앞 옐로카펫, 다소 낯설지만 적극 공감을 해주셨다. 우선, 정책 제안과 예산 편성이 문제였다. 5분 발언을 통해 공개 제안을 하고 가용한 예산도 확인했다. 담당 부서와의 현장 답사 등을 거쳐 필요성을 인지했으며, 당장엔 예산이 확보되어 있지 않으니 관내 두 개의 초등학교 주변에 시범 설치를 하는 것으로 일차적인 성과를 이루었다.

이후, 우리 구 대부분의 초등학교는 정문을 나서면서부터 아이들이 노란색 바닥 그림과 옐로카펫, 노란 신호등을 볼 수 있게 되었다. 아이들의 안전을 위한 첫 신호탄을 쏘아 올린 셈이다.

아이들의 보행 안전은 곧 우리 동네의 미래 안전이다. '아이들이 안전한 마을, 보행자가 우선인 수성구'라는 가치를 실현하기 위해 끊임없이 노력할 것이다.

일상에서 답을 찾다:
도시의 눈살을 찌푸리게 하는 불법 전단지, 이젠 안녕!

작은 불편함뿐 아니라 그냥 지나칠 수 있는, 어찌 보면 모르고도 지나칠 수 있는 생활 주변의 모든 것들이 정책이 된다. 나의 의정 활동 철학은 그러한 세심함에서 시작된다. 생활 자체가 정치인 것이다.

많은 시민이 한 번쯤은 경험했을 오토바이를 이용한 불법 광고물 살포는 단순히 도시 미관을 해치는 문제를 넘어 주민들의 안전과 직결된 심각한 문제라는 생각이 들었다. 오토바이가 인도 위를 질주하는 것 자체가 불법이다.

인도 위를 질주하는 오토바이, 그리고 화살같이 빠른 속도로 던지는 딱딱한 홍보용 명함은 보행자의 얼굴이나 몸에 상처를 입힐 수 있어 위협이 되기도 한다. 빗자루로 쓸어도 잘 쓸리지 않고, 비가 오면 바닥에 딱 달라붙어 더욱 골치 아프다. 이 불법 홍보물은 심각한 사회 문제로 대두되는 음란 퇴폐성 광고와 불법 대출 광고가 주를 이루고 있다. 학교 주변까지 무차별적으로 뿌려져 어린아이들을 비롯한 청소년들에게 유해한 영향을 미친다는 것이 나를 더욱 분노하게 만들었다.

구청의 관련 부서, 경찰과 적극적으로 협력했다. 다른 지자체의 성공 사례를 벤치마킹하며, 불법 전단지 살포를 근절하기 위한 구체적인 방안을 모색했다. 단순히 단속에 그치지 않고 근본적인 해결책을 마련하여 주민들이 쾌적하고 안전한 환경에서 생활할 수 있도록 하기로 했다.

불법광고물 자동경고 발신시스템을 구축하기로 했다. 주택가 및 상가 등에 무차별적으로 살포되고 있는 불법광고 전단을 효과적으로 차단하기 위함이다. 불법광고물에 적힌 전화번호를 프로그램에 입력하여 설정된 시간 간격(3초~10분)으로 계속 전화를 걸어 영업을 마비시키는 시스템이다.

시스템의 처리 절차를 간단히 소개하면 다음과 같다. 우선 계고를 하고, 불법광고 전화번호 등록을 한 다음 시스템이 입력을 하면 통신사로 연결이 된다. 이후 자동 발신으로 폭탄전화가 불법광고업자에게 가면서 영업을 마비시키는 방식이다.

폭탄전화, 영업 마비라고 하니 좀 우스울 수도 있지만, 타 지자체에서는 이런 방법으로 무차별적으로 이루어지는 불법 전단 살포가 75%나 감소되었다고 한다. 그래서 우리도 도시 미관과 주민 안전을 위해 시행하기로 했다.

모르고 대수롭지 않게 지나쳤을 작은 불편함도 조금만 신경 쓰고 행정에 대한 이해와 적극적인 개선 의지만 있다면 아주 간단한 방법으로 우리가 사는 마을을 지금보다 더 나아지게 할 수 있다. 자동경고발신시스템이라는 이 작은 개선책도 우리 구가 대구에서는 최초로 시행한 것이었다.

작은 명함용 전단뿐만 아니라, 불법 현수막, 음란 퇴폐 대출 전단 등 모든 불법 광고물에 적힌 전화번호만 확보하면 가능하다. 법 위반과 함께 처벌 내용을 알려줌으로써 자진 철거나 살포를 줄일 수 있었다.

황금 무지개 정원의 탄생:
위험했던 산책길에 피어난 희망

"너무 이쁘게 잘 마무리되었습니다."

지난 3월, 청소년수련관 관장님을 뵙고 들었던 불편 사항이 이렇게 아름다운 결실을 맺을 줄이야. 관장님의 전화에 절로 미소가 지어졌다. 가슴 벅찬 하루다.

당시 청소년수련관으로 가는 길은 아이들에게 '공포의 길'이나 마찬가지였다. 범어공원 옆 도로는 불법주정차 차량으로 가득 차 아이들은 위험하게 차도를 걸어야 했고, 야간에는 어둡고 산길 같은 인도를 걸으며 불안해하고 무서워했다. 게

다가 주변에는 정리되지 않은 농자재와 쓰레기들이 어지럽게 널려 있어 도시 미관과 환경에도 너무나 좋지 않았다. 아이들의 안전과 행복이 달린 문제였다.

즉시 공원녹지과에 협조를 구하고 동장님께 현장을 개선할 방안을 제안했다. 이 삭막하고 위험했던 공간을 꽃밭이나 청소년들의 체험 공간으로 바꾸면 좋겠다는 아이디어였다.

하늘이 도왔을까. 마침 '마을 정원 조성사업'이 예정되어 있었고, 우리는 이 기회를 놓치지 않았다. 주민들과 마을정원 사분들이 한마음 한뜻으로 팔을 걷어붙였고, 삭막했던 길가에 너무나 이쁜 정원을 함께 조성했다. 단순히 꽃을 심은 것

이 아니라, 위험했던 길을 아름다운 희망의 공간으로 탈바꿈
시킨 것이다.

가장 감동적인 순간은 정원 이름을 공모했을 때였다. 아이
들이 직접 참여하여 '황금 무지개 정원'이라는 이름이 탄생했
다. 아이들의 순수한 꿈과 희망이 담긴, 이보다 더 아름다운
이름이 있을까. 정원 뒤편에는 아이들이 직접 작물을 심고 가
꿀 수 있는 텃밭도 마련되었다.

이제 아이들은 더 이상 무서워하지 않고, 정원과 텃밭에
물을 주고 잡초를 뽑으며 웃음꽃을 피울 것이다. 작지만 함께
만들어가는 마을 공동체가 바로 이런 모습이 아닐까. 이 '황

금 무지개 정원'에서 아이들과 어른들 모두가 행복한 미소를 나누며 살아가기를 응원한다.

나 또한 이곳에 계속 관심을 가지고, 함께 물을 주고 가꾸면서 이 작은 행복이 마을 전체로 번져나가도록 힘을 보태겠다. 위험했던 길에 무지개가 떴다.

도시의 허파를 지키는 싸움: 공원 일몰제 특위 위원장의 고독

특위 위원장을 맡으며, 막중한 책임감을 실감했다. 지주와 주민 사이에서 균형을 잡는 일은 매 순간이 고민이었다. 중앙 정부와 시의 무관심 속에서도, 결의문 작성과 현장 토론회 개최를 통해 압박을 이어갔다. 초선임에도 불구하고, 작은 정책 하나라도 지켜내는 것이 얼마나 어려운 일인지 몸소 느꼈다.

2020년 6월 30일 공원일몰제가 시행됐다. 즉 공원 지정이 해제되면서 공원으로 묶여있던 개인 소유의 임야나 대지가 녹지나 산으로 전환이 되면서 소유권을 행사할 수 있게 된 것이다. 장기 미집행 도시공원이 실효되면 난개발로 인한 도시 경관 및 환경 훼손, 공원시설인 도로 및 산책로 단절로 주민의 생활환경이 악화되고 불편으로 인한 민원 발생이 예상되었다.

수십 년간 재산권 행사를 못 하고 개발되기만을 기다린 토지 소유자들에게 열악한 대구시 재정여건을 이유만으로 공원 입구 등 진입로 주변 땅만 매입하여 나머지 땅을 맹지로 만드는 계획은 철회되어야 하며 공원일몰제에 대한 적합한 보상이 이루어지도록 해야 했다.

이런 고민 끝에 도심 속 공원을 살리고 환경을 지키기 위한 방법을 찾다가 공원일몰제 시행 이전에 장기 미집행 공원의 난개발을 막기 위해 도시공원살리기특별위원회를 의회에서 구성하고자 동료 의원들에게 제안했다. 깊은 관심과 적극적인 참여로 9명의 의원님과 뜻을 같이하기로 했다.

대구시에서 범어공원을 민간공원 조성 특례사업으로 시도하면서 환경단체와 주민들의 반발이 심했으며 당연히 지주들은 보상을 더 받기 위해서 민간 개발에 찬성하는 쪽 의견이 많을 수밖에 없었다. 지난 몇 년간 민간공원 조성 특례사업에 대한 검토와 계획이 있었으나 결국 대구시에서 민간공원 조성 특례사업에서 범어공원을 제외하면서 소유주들의 기대는 무너졌고, 이후 난개발을 막기 위해서라도 대구시에서 범어공원을 매입해야 하는 상황이 되어버렸다.

도시공원살리기특별위원회 위원장을 맡게 되었고, 수성구의회 의원들 전원의 동의를 얻어 공원일몰제 시행에 따른 주민 피해 방지와 도시공원을 보존하기 위한 결의문을 채택하기에 이르렀다. 1999년 헌법재판소 판결 이후 10년 동안은 도시공원 일몰제로부터 구하기 위한 법 제도적 준비가 진행되었다.

그러나 그로부터 이후 10년간의 정부의 정책은 완전 후퇴하여 종합적인 대책 마련을 포기하고 '일몰제 대상공원의 조기 해제'와 '공원에 아파트를 짓도록 허락하는 민간공원특례제도'만을 추진하고 있기 때문에 현 상태에서 적절한 대책 마련이 시급했다.

시행 후 사라질 도시공원은 전국 도시공원 면적의 53.4%에 달하며 대구시는 41개소의 도시공원 중 실효 대상 공원은 20곳이며, 우리 구 도시공원은 범어공원 등 총 4개소이다. 특히 범어공원은 도심 중심에 위치해 도심의 허파와 같은 역할을 하고 있으며, 도시공원 중 규모와 문화재 매장에서도 전국적으로 보존 가치가 매우 높은 도시공원이다.

수십 년간 재산권 행사를 못 하고 피해 보상이 합리적으로 이루어지길 기다린 토지 소유주들의 기대와 달리 대구시는 재정적 여건만을 이유로 공원일몰제에 대한 행정조치를 적극적으로 하지 않고 있었다. 일몰 위기에 빠진 도시공원에 대해 중앙정부 역시 시공원 사무가 지방자치단체의 고유 책임이라며 일제의 재정 및 행정 지원을 하지 않았다.

도시공원 일몰제에 대해 지방자치단체들은 일부 지자체를

제외하고는 거의 무방비 상태에서 '민간개발특례사업제도'로 개발을 진행하고 있으며, 문제 해결에 소극적이고 일몰 관련 대응 정보조차 제대로 공개하지 않는 상황이었다.

같은 해 5월 28일 정부는 당정협의를 개최하여 장기 미집행공원 해소차 지원을 늘리는 방안, LH공공사업을 통해 공원을 조성하는 방안, 국공유지는 10년 실효를 유예하고 10년 후에는 공원의 실적에 따라 다시 유예를 연장하는 방안 등을 내놓았다. 뒤늦은 감이 있지만 그나마 환영한다.

하지만, 지자체마다 재정 여건이 다르기에 재정이 열악한 지자체에 대해서는 국고를 지원하는 방안을 마련해야 할 것이며, LH공공사업 역시 개발의 논리로 접근해서는 안 된다. 미래 세대에게 자연 그대로를 보존하며 물려줄 수 있도록 하여야 할 것이다.

분노한 범어공원 내 토지소유주들은 공원 내에 철조망을 설치하여 자신들의 입장을 행동으로 보였으며, 이로 인한 모든 불편과 위험은 수성구 주민들이 겪고 있었다. 지난 수십 년 동안 범어공원은 도시 중심에 위치하여 주민의 건강과 정서 생활을 향상하는 데 기여해 왔다.

또한 미세먼지로 공기 정화에 대한 관심이 그 어느 때보다 높은 시점에서 미세먼지를 제거하고 이산화탄소를 흡수하는 '도시숲'의 존재가치는 남다르다. 때문에 모든 도시공원은 자연 그대로 보존되어 마땅하다. 하지만 공원을 지켜야 한다는 이유로 수십 년간 재산권 행사를 제대로 못 한 토지소유주들에게만 희생을 요구해서도 안 될 일이었다. 합당한 보상계획을 수립해야 했다.

특위를 구성하고 결의문을 채택해 국토교통부와 대구시에 촉구하고 대외적 활동과 언론보도를 통해 수성구의회의 의지와 뜻을 전했다. 2년여 기간 동안 특위 활동을 하면서 간담회 개최와 대구시와 대구시의회 면담을 하고 전문가와 환경단체와의 토론회를 개최하면서 좀 더 깊이 있고 전문적으로 접근을 했다. 공원을 지키기 위한 대응 방안을 마련하고 해법 등을 모색하고자 하였으며, 대구시장이 직접 범어공원 현장으로 나와 지역주민들과 범어공원 지주들과 함께 현장 소통 시장실 토론회를 개최하는 성과도 만들어냈다.

지주들의 소유권 행사를 위한 행동과 보상에 대한 요구사항은 갈수록 높아만 갔고 철조망 설치로 인한 주민들의 불만과 수많은 민원은 끊이질 않았다. 특위 위원들과 함께 공원을 이용하는 주민들과 간담회를 하고 현장을 직접 답사하는 등 우선 주민피해 최소화를 위한 방안을 모색하기 위한 노력도 아끼지 않았다. 바쁜 일정과 각자의 의장 활동에도 불구하고 시간을 할애하고 뜻을 모아 함께 활동해 주신 동료 의원들에게 지면을 빌려 다시 한번 감사의 마음을 전한다.

특위 위원장이었지만 할 수 있는 일, 당장에 가시적인 결과를 만들어내지 못하는 답답함에 한편으론 고독했다. 그럼에도 불구하고 이렇게라도 하지 않았으면 누구 하나 관심 가지는 이가 없었을 테고, 주민들과 토지소유주들의 소통통로조차 만들지 못했을 것이라는 위안과 함께 특위를 해산했다.

좁은 삼거리가 더 위험해요

사월동 사는 주민에게서 연락이 왔다. 지역구는 아니지만 상임위가 도시보건위원회이기도 해서 나에게 민원이 접수된 듯했다. 주민분과 통화를 하고 바로 현장으로 갔다. 현장에 도착해 전화를 드리니 곧바로 나오신단다. 주민께서 놀라셨다. 민원을 접수하자마자 이렇게 빠른 시간에 현장에 직접 와주니 그것만으로도 감사하다고 하셨다. 인사를 드리고 민원 내용에 대해 자세히 설명을 듣고 열심히 받아적었다.

왕복 4차선 도로를 두고 대구 수성구와 경북 경산시가 바로 인접해 있는 곳이었다. 금호강 줄기인 남천과 욱수천이 만나는 곳이기도 하다. 사거리라고 하기엔 애매보호해 보였고, 도로상으론 삼거리였다. 세 방향은 도로와 연결이 되어있고 한 방향은 어린이집과 고물상 쪽으로 진출입로가 짧게 연결되어 있어 구분이 힘든 곳이었다.

아파트 단지 뒤쪽으로 연결되는 이면도로라 대형 트럭들이 밤샘 불법주차를 많이 한다고 했다. 밤에는 인적이 드문 곳이라 간헐적으로 다니는 차들이 상당히 위험하고 심지어는 오전 시간과 온종일 주차하는 경우도 있었다. 더구나 출퇴근 시간대에는 달구벌대로의 정체가 심하다 보니 이곳 이면도로를 이용하는 분들이 상당히 많았다. 아파트 정문 쪽은 왕복 4차선이지만 이 삼거리를 기점으로 왕복 2차선 도로가 조성되어 있다 보니 차량 한 대만 주정차가 되어있어도 교통 흐름에 방해가 상당히 크다고 했다.

욱수천 북편에서 넘어오는 차량이 우회전하는 경우가 많은데 모서리 고물상에 가려 반대편에서 오는 차량을 잘 못 보는 경우도 더러 있어 접촉 사고 또한 빈번하다고 했다. 모서리에 차 한 대만 서 있으면 바로 사고로 연결되는 아주 위험한 지점이었다.

바로 옆에 어린이집이 있었지만, 어린이보호구역으로 지정도 되어 있지 않고, 신호등과 횡단보도도 한쪽만 설치되어 있고, 2차선인 도로는 중앙선조차 없었다. 심각한 도로였다.

개선해야 할 내용이 한두 개가 아니었다. 횡단보도와 신호등 설치, 과속방지턱 설치, 반사경 설치와 회전 교차로 설치를 구청에 요청했다.

당장에 2차선 이면도로 확장(장기적으로 지자체에 제안해야 할 내용)은 어렵고, 어린이보호구역(영유아보육법에 따른 시설 중 100명 이상 수용 가능 시설의 주변에 지정 가능) 지정은 현재 기준의 관련법상 불가능했다.

시간이 지나면서 점차 개선이 이루어졌고, 교통 흐름을 원활하게 하고 위험 요소를 최대한 줄이는 회전교차로까지 설치가 완료되었다.

아저씨는 왜 민주당이세요?:
거리에서 만난 미래의 유권자

선거 운동복을 입고 거리에 서는 일은 낯설면서도 익숙한 일이다. 빼곡한 일정 속에서 인사를 건네고 명함을 나눠주다 보면 수많은 시선과 마주친다. 무관심한 시선, 응원의 눈빛, 그리고 때로는 호기심으로 반짝이는 눈빛.

그날은, 호기심으로 반짝이는 눈을 한 미래의 유권자들을 만났다. 한창 거리 인사를 하고 있는데, 교복을 입은 고등학교 2학년 학생 몇몇이 쭈뼛거리며 다가와 불쑥 말을 걸었다.

"이지씨, 이거 하면 얼마 받아요?"

풋, 하고 웃음이 났다. 어른들은 차마 묻지 못하는, 가장 현실적이고 솔직한 질문이었다.

"하하, 좋은 질문이네. 아저씨는 구의원이라 돈을 받고 하진 않아. 하지만 저기 선거 운동복을 입고 함께 일하는 분들은 선거관리위원회에 정식으로 등록하고 정해진 일당을 받고 일하는 거란다.”

아이들의 질문은 거침이 없었다. 진짜 궁금증은 그다음이었다.

“아저씨는 왜 민주당이세요?”

잠시 숨을 골랐다. 이 짧은 순간에 당의 정강·정책을 모두 설명할 수는 없었다. 그저 내 마음속에 있는 진심을 전하고 싶었다.

“정치인들은 보통 정당에 소속되어 있고, 물론 그렇지 않은 분들도 있지. 아저씨는 민주당이 추구하는 가치가 마음에 들었어. 조금 더 진보적인 생각, 그리고 우리 사회의 소외된 계층이나 서민, 약자들을 위해 다 함께 잘살자고 말하는 그 정책들이 좋았단다.”

학생의 다음 질문은 더욱 날카로웠다. 이 도시의 현실을 꿰뚫고 있었다.

“대구에는 민주당이 많지 않은 것 같은데요?”

“맞아. 솔직히 말하면 그렇지. 대구가 정치적으로 한쪽에 많이 기울어져 있는 건 사실이야. 하지만 그렇다고 해서 아저씨 같은 생각을 가진 사람들이 없는 건 아니란다. 오히려 소수이기에, 우리의 목소리가 다수에 묻혀서는 안 된다고 생각해. 그래서 아저씨 같은 사람들이 더 열심히 뛰고 있는 거야."

아이들의 눈을 보며 힘주어 말했다.

"다양한 생각과 가치들이 서로 존중받고, 유권자들에게 동등하게 선택받을 기회를 가져야 한다고 생각해. 나중에 너희들이 투표를 하게 되면, 꼭 '경쟁'을 시켜주렴. 그게 정치를 발전시키는 힘이란다."

"무슨 과 전공하셨어요?"

"하하, 관광경영학과."

아이들은 의외라는 표정을 지었다. 아마 '정치인=정치외교학과'라는 공식을 떠올렸나 보다.

"정치하는 사람들이라고 모두 정치학을 공부한 건 아니야. 오히려 다양한 분야에서 자신의 전문 지식이나 가치관을 가지고 생활 정치부터 실천하는 게 우리 사회를 더 건강하게 발전시킬 수 있다고 생각해."

놀랍게도 아이들은 정치에 관심이 많았고, 정치학을 전공하고 싶다고 했다. 척박한 정치 토양이라 불리는 이곳 대구에서, 정치에 냉소적인 어른들과는 다른 아이들의 모습에 기특하고 반가운 마음이 들었다.

"정말 멋진 꿈이네. 하고 싶은 것 마음껏, 열심히 공부하렴. 어떤 분야든 깊이 파고들다 보면 다 정치와 연결된단다."

헤어지기 전, 아이들에게 한 가지 숙제를 내주었다.

"집에 가거든 이번 주말에 집으로 온 선거공보물을 한번 꼼꼼히 읽어봐. 대통령 후보들이 어떤 공약과 정책으로 국민의 마음을 얻으려 하는지. 아직 유권자는 아니지만, 나라면 누굴 선택할지 스스로 판단해 보는 거야. 아주 좋은 공부가 될 거야."

아이들은 밝게 웃으며 고개를 끄덕였다.

"투표권이 있으면 아저씨 꼭 찍고 싶어요!"

씩씩하게 손을 흔들며 멀어지는 아이들의 뒷모습을 보며 다시금 힘을 얻는다. 저 아이들이야말로 우리가 정치를 포기하지 말아야 할 이유, 그리고 이 기울어진 운동장에서 더 나은 정치를 위해 기꺼이 땀 흘려야 할 이유다.

일요일 저녁, 길고양이들의 아빠가 되었다

어린이회관에 서식하는 길고양이 50여 마리를 돌보면서 밥을 챙겨주는 캣맘들이 계신다. 원래는 구청에서 포획해서 중성화수술을 진행하지만 예산이 다 소진되어 더 이상 해줄 수 없는 상황이라고 한다. 사정이 이렇다 보니 본인들의 사비를 털어 포획해서 중성화수술까지 해주시는 캣맘 두 분이 우리 동네에 계신다. 얼마 전 맺은 인연으로 다른 동네 캣맘들과 늦은 밤까지 TNR에 함께했다.

TNR은 Trap-Neuter-Return의 약자로 길짐승을 포획(Trap)해 중성화(Neuter)한 다음 방사(Return)하는 것을 말한다. 생식 기능을 제거하는 중성화 수술을 통해 대상 동물의 개체 수를 조절하는 것이 목적이다. 안락사보다 현실적이고 인도적인 방법으로 여겨져 한국을 포함한 여러 나라에서 TNR을 시행하고 있다.

TNR은 주로 주인이 없는 길고양이를 대상으로 하고 있으며 우리 구도 매년 예산을 편성해 시행하고 있다.

중성화한 고양이는 발정기 울음소리를 내지 않으며 영역 다툼 욕구도 줄어든다. 그러면서 자연스럽게 개체 수도 조절이 된다고 한다.

길고양이를 TNR이나 구조 이외의 목적으로 포획할 경우에는 동물보호법에 의해 처벌받게 된다. 또한 주인이 없는 길고양이라도 다치게 하거나 죽일 경우 동물 학대로 처벌받을 수 있다는 점, 명심해야 한다.

캣맘들의 봉사와 동물 사랑에 감동과 응원을 보낸다. 해질 녘에 캣맘들이 모이는 장소에 도착해 늦은 밤까지 함께한 그날의 기억은 아직도 소중한 추억의 한 페이지에 남아있다. 조심조심 고양이가 먹이를 찾아오는 길목을 찾아가야 하고, 발견하면 안전하게 틀에 집어넣어야 한다. 한 번에 성공 못하면 다음 기회엔 안전하게 포획하기가 힘들어진다. 야간 수색작업이라도 하듯 어린이회관의 구석구석을 돌며 그분들과 함께할 수 있었고, 왜 굳이 개인 시간을 할애해서 사비로 하고 계시는지를 조금이나마 이해하는 저녁 시간이었다.

이후 나도 할 수 있는 일을 찾아서 함께 하기로 약속했고, 길고양이의 보호와 번식을 막기 위해 의회에서 더 많은 관심을 가지기로 했다.

어린이회관이 본격적인 리모델링 공사에 들어가면서 걱정하셔서 공사 기간만이라도 방법을 찾기로 했다. 마침, 리모델링 공사로 인해 폐쇄되어 있던 어린이회관 내의 식물원 공간에 고양이들을 서식하게 하는 걸로 협조가 되어 캣맘들과 길고양이들은 안심할 수 있었다.

Part 4

초선이 발견한 지방 정치의 가능성

미래를 설계하다

이 경험을 통해 깨달은 것은, 지방 정치의 가능성은 현장에서 나온다는 점이다. 생활 밀착형 민원 해결, 주민과의 신뢰 구축, 현실적인 정책 설계, 이 모든 것이 작은 정치 속에서 시작된다. 정책과 민원은 단순히 문제 해결만이 아니라, 시민의 삶을 바꾸는 힘이 될 수 있다.

교육 1번지의 빛과 그림자, 교육의 본질을 지키다

대구는 교육 수도로 불린다. 그중에서도 수성구는 오랜 시간 동안 '교육 1번지'라는 명성을 지켜왔다. 하지만 빛나는 명성 뒤에 가려진 교육 현장의 현실을 외면해서는 안 된다. 그 명성이 무색하게도 한 초등학교에서 벌어진 교사의 폭언과 폭행 사건은 많은 이들에게 큰 충격을 안겼다.

이 사건은 아이들에게 평생 지워지지 않을 상처로 남았고, 학부모들은 학교와 교육청의 미온적인 태도와 은폐, 축소 시도에 맞서 싸워야 했다. 두 달이 넘는 시간 동안 학부모들은 매일 아침 교육청 앞에서 시위를 이어갔지만, 소통의 공간은 좀처럼 마련되지 않았다.

안타깝지만 구의원이 할 수 있는 일이 없었다.

하지만 이런 상황을 외면할 수 없었다. 아이들이 참된 교육을 받을 권리를 위해 싸우는 학부모들과 함께하기로 약속하고, 학부모들과 함께 피켓을 들고 시위하며 연대의 뜻을 표했다. '교육 수도 대구, 빛 좋은 개살구가 되어서는 안 된다'고 생각했다.

임시회 기간에도 일정을 쪼개 학부모들과 대구시의원 간의 간담회를 주선하고 참석하여 아이들과 부모님들의 현재 상황과 어려움, 요구사항을 경청했다. 대구시의원의 면담 후 교육감 면담을 요청했지만 불발되었고, 대신 동부교육지원청 관계자들과 학부모들이 한자리에 모여 소통의 시간을 가질 수 있었다.

이후 교육감은 검찰 수사 결과에 따른 해당 교사의 징계와 향후 대안 마련을 위해 적극적으로 노력하겠다는 답변을 받았다. 이는 오랜 시간 동안 소외되었던 학부모들에게 큰 의미였다.

내년에 졸업할 아이들을 위해 힘들어도 참고 넘길 수도 있었지만, 다음 아이들과 다른 아이들의 피해를 막기 위해 나섰다는 한 학부모의 말에 깊은 감동을 받았다. 뇌리에 아주 오랫동안 남을 한마디였다. 진심을 담아 마음으로 가르치는 교육 환경의 중요성을 다시금 일깨워 준 계기가 되기도 했다.

이 사건을 통해 단순히 행정적인 문제를 해결하는 것을 넘어, 지역사회의 근간을 이루는 교육의 본질을 지키는 것 역시 중요한 의정 활동임을 다시 한번 깨달았다. 앞으로도 교육 현안에 깊은 관심을 기울이고, 우리 아이들이 행복하고 안전한 환경에서 성장할 수 있도록 최선을 다할 것이다. 대구가 진정한 교육 수도로 거듭날 수 있도록 올바른 교육 환경 조성에도 더욱 힘쓸 것이다.

아들이 가르쳐준 경제학: 쓰레기에서 '돈'을 찾다

나에게 생활 정치는 일상 속 작은 실천에서 시작된다. 단순히 민원을 해결하고 정책을 만드는 것을 넘어, 주민과 함께 소통하고 실천하는 것이 진정한 의정 활동이라고 믿고 있다. 아들과 함께 방문한 수성구 생활자원회수센터에서 그 소중한 가치를 다시 한번 확인하게 되었다.

회수센터에서 만난 환경 선생님의 '재활용은 이제 리사이클이 아니라 업사이클'이라는 말씀은 생활자원에 또 다른 접근을 할 수 있는 깊은 울림이었다. 버려지면 단순한 쓰레기지만 조금만 신경 써서 분리하면 새로운 가치를 가진 자원이 된다는 것을 아들과 함께 직접 배우는 시간이었다. 코를 막고 입을 막아가며, 쓰레기 더미 속에서 자원이 분류되는 과정을 지켜보는 아들의 모습은 나에게도 교훈이었다.

아들은 '비우고, 닦아내고, 분리하고, 분류하자'라는 구호

를 외우며 환경 보호와 자원 재활용의 중요성을 몸으로 익혔
다. 아빠인 나도 덩달아 구호도 외치면서 소중한 환경 교육을
받게 된 의미 있는 시간이었다.

특별한 경험을 통해 생활 속에서 일회용품 줄이기와 올바른
분리배출이 얼마나 중요한지를 깨달았고, 우리 모두의 작은 노
력이 모여 수많은 자원이 다시 태어날 수 있음을 절감했다. 지
구가 아프지 않게 노력하자는 아들의 말에 이 소중한 경험을
반드시 실천하겠다고 다짐했다.

쓰레기 불법 무단투기 문제가 생겼을 때 떠오른 아이디어
는 단순했다. "쓰레기를 단순히 버리는 것이 아니라, 일자리
와 연결하자." '재활용 정거장'을 운영하며 고령층 일자리를
창출하고, 전문성을 갖춘 '자원관리사'를 양성하는 구조를 구
상했다.

정책 아이디어는 이렇게 생활 속 관찰에서 탄생할 수 있다. 이후, 우리 구에는 재활용 정거장이 운영되었고, 적은 숫자이지만 일자리 창출도 되었다. 중요한 건 동네 골목 어귀에 버려지는 쓰레기가 줄었고, 자발적인 분리배출이 생활화되어 간다는 것이었다.

페트병 속 불편한 진실:
우리는 왜 기름보다 비싼 물을 마시는가?

물보다 기름이 귀하다는 말은 옛말이 되었다.

일상에서 우리가 민감하게 반응하는 물가 중 하나는 단연 기름값이다. 경유와 휘발유 1L의 가격이 1,500원에서 1,900원 사이를 오갈 때, 500ml 생수 한 병의 가격은 500원에서 1,000원, 심지어는 2,000원에 육박하는 고급 생수도 어렵지 않게 찾아볼 수 있다.

1L당 평균 가격으로 환산해 보면, 생수와 기름값은 이미 비슷하거나, 종류에 따라서는 물 한 병의 가격이 기름 한 방울이 나지 않는 나라의 기름값보다 더 비싸다는 역설적인 상황이 펼쳐지고 있다.

자동차는 이미 필수품이 된 현실에서 기름값 때문에 운행을 멈출 수 없다. 마찬가지로 생수 역시 너무 익숙해져 버렸다. 우리는 기름값이 조금이라도 싼 주유소를 찾아 발품을 팔고, 리터당 몇 원의 차이에도 민감하게 반응한다.

하지만 정작 기름보다 비싼 물을 구입할 때는 저렴한 생수를 찾기 위해 애쓰지 않는다. 이처럼 우리는 물값에 대해 놀라울 만큼 관대하고 둔감하다.

이런 물값의 역설을 이해하기 위해서는 세금 문제를 짚어봐야 한다. 우리나라 기름값에는 관세, 석유 수입 부과금, 교통세, 교육세, 지방주행세 등 엄청난 세금이 붙는다. 결과적으로 기름값의 약 60%는 순수한 세금으로 구성된다.

반면, 생수 가격에 포함된 세금 비중은 미미하다. 지방자치단체가 지하수를 퍼 올리는 업체에 부과하는 톤당 약 200원가량의 지역개발세와 환경부가 부과하는 수질개선부담금이 전부이다. 생수의 세금 비중은 기름값의 12분의 1 수준인 약 5%에 불과하다.

만약, 이 세금들을 모두 제거하고 순수한 원료 가격만으로 비교하면 어떨까? 세금을 제외한 물값은 기름값의 세 배 정도가 된다. 가장 필수적인 생존 자원인 물이, 문명의 동력인 기름보다 근본적으로 훨씬 더 비싼 상품이 된 것이다.

경제적 역설보다 더 심각한 문제는 환경에 대한 부담이다. 우리는 일상에서 대량으로 생수를 소비한다. 특히, 행사나 모임, 회의 등에서 생수는 가장 흔하게 구비되는 필수품이다.

문제는 마시다 남은 생수가 그대로 버려지는 경우가 부지기수라는 것이고, 기름보다 비싼 물을 아깝다는 생각 없이 버리고 폐기하는 것이다.

더 나아가, 생수는 필연적으로 페트병이라는 플라스틱 쓰레기를 대량으로 남긴다. 편리함에 익숙해진 우리는 이미 페트병에 담긴 생수를 마시는 것을 생활화했으며, 수돗물을 끓여 마시거나 정수기를 사용하는 것조차 번거로운 일로 치부하게 되었다.

플라스틱 쓰레기 대란과 재활용 시스템의 붕괴를 논하면서도, 우리는 여전히 가장 쉽게 플라스틱을 대량으로 생산하고 소비하는 행태를 멈추지 못하고 있다.

정치와 행정은 물론, 우리가 함께 고민해야 할 문제다. 우리는 정말 기름보다 비싼 물을 계속해서 마시며, 그 대가로 쓰레기 더미를 다음 세대에 물려줄 것인지, 이 페트병 속 불편한 진실에 대해 진지하게 답해야 할 때이다.

일주일에 카드 한 장을 먹고 있다고?: 지방의회에서 '미세플라스틱의 역습'에 답하다

5분 자유발언을 위해 자료를 찾던 중, 통계청 자료를 보며 큰 충격을 받았다. '플라스틱 섭취량이 일주일에 신용카드 한

장(5g) 분량'이라는 사실이다.

세계자연기금(WWF)과 호주 뉴캐슬 대학의 연구에 따르면 매주 평균적으로 한 사람당 미세플라스틱 2,000여 개를 소비하는 것으로 분석됐다. 무게로 환산하면 5g인데 신용카드 한 장을 먹고 있는 셈이고, 한 달이면 칫솔 하나 분량이라고 한다. 자연적으로 인체를 통해 배출되는 과정은 있겠지만 쉽게 몸 밖으로 배출되지 않는다고 한다.

한국인 1인당 연간 플라스틱 사용량은 무려 98.2kg으로, OECD 국가 중 1위라는 부끄러운 기록을 안고 있다.

플라스틱 쓰레기가 산과 바다에 쌓이고, 지름 5mm 이하의 아주 작은 알갱이인 미세플라스틱이 되어 떠돌다가 결국 다양한 경로를 통해 우리의 생활과 식탁으로 되돌아온다니, 섬뜩함마저 느낀다.

2000년 이후 생산된 플라스틱 양이 그 이전 전체 생산량과 맞먹고, 그중 3분의 1이 자연에 유출되었다는 통계는 이 문제가 더 이상 미래의 일이 아닌 '지금, 우리 구민의 건강 문제'임을 인식하게 한다.

거대한 기후 위기 앞에서 중앙정부와 대기업의 시스템 변화는 물론 필수다. 하지만 진정한 변화는 구민 한 분 한 분의 삶 속에서 시작되어야 한다고 믿는다. 바로 이 지점에서 지방정치와 지방의원의 역할이 빛을 발한다고 본다.

행동하지 않는 행정, 반영되지 않는 법과 제도는 장식장에 박혀있는 장식품에 불과하다. 우리가 제안하고 제정한 조례가 단지 서류 한 장으로 남지 않도록 현장에서 답을 찾는다.

정책과 민원은 단순히 눈앞의 문제를 해결하는 것을 넘어선다. 그것은 시민의 삶의 방식을 바꾸는 힘이 될 수 있기 때문이다. 우리가 '일회용품 사용 줄이기'를 위한 조례를 제정하고, '플라스틱 제로 캠페인'을 지원하며 재활용률을 높이는 구체적인 시스템을 마련할 때, 구민 한 분 한 분의 장바구니 습관이 바뀌고, 우리 아이들의 미래 식탁이 안전해질 것이다.

이처럼 작은 단위의 실천을 유도하고 지원하는 과정에서 비로소 지방 정치의 희망과 필요성이 증명된다. 눈에 보이는 성과가 작더라도, 그것이 시민의 일상과 생명을 직접적으로 보호하고 삶의 질을 바꾼다면, 그것만큼 의미 있고 의정 활동의 보람인 것은 없을 것이다.

지금 당장 플라스틱을 완전히 사용하지 않을 수는 없다. 하지만 사용한 플라스틱의 재활용률을 극대화하고, 일상에서 텀블러와 장바구니를 드는 등 플라스틱 제로 활동을 실천할 수 있는 환경을 만드는 것이 우리 지방의회의 임무이기도 하다. 이 거대한 기후 위기 앞에서, 우리 구민들의 건강을 지키는 가장 작은 용기를 심기 위해 나부터 현장에서 답을 찾고 행동할 것이다.

안전을 위한 결단:
나무야 미안해

지구를 건강하게 하고 환경을 지키는 소중한 일 중 하나가 나무를 심고 가꾸는 것이다. 하지만 그보다 우선해야 할 가치는 바로 시민의 안전이다.

신호가 있는 사거리의 횡단보도 바로 앞 곡각지에 서 있는 나무 한 그루, 무성한 가지로 인해 보행자와 운전자의 시야를 심각하게 가리고 있었다. 몇 달 전 이곳에서 하굣길 초등학생이 크게 다치는 사고가 발생했고, 주민들과 아이를 둔 부모들은 불안해했다.

나무가 도심에 주는 혜택은 분명하다. 뜨거운 햇살을 막아주는 고마운 그늘이고, 이산화탄소를 흡수하고 산소를 배출하는 환경의 파수꾼이기도 하다. 나무 한 그루가 내뿜는 산소량은 4인 가족이 하루에 숨 쉴 수 있는 양과 같다. 나무가 귀한 존재임을 나도 잘 알고 있다.

하지만 안전이 위협받는 현장에서는 그 존재 이유를 다시 따져보아야 한다. 수많은 주민 민원이 끊이지 않았던 이곳은 더 이상 '녹색 그늘'이 아니라 '교통안전의 사각지대' 그 자체였다.

그전에도 이곳의 위험한 교차로 문제를 해결하기 위해 보행자 우선 교통체계 개선을 제안했었다. 나무를 제거하고, 전봇대를 이설하고, 대각선 횡단보도로 개선해야 한다고 했지만, 경찰의 협조가 있어야 한다며 발을 빼고, 발품을 팔아 경찰의 협조가 어느 정도 이루어지면 교통체계개선 심의위원회를 개최해야 한다며 발을 빼고, 결국, 차량의 정체가 심해질 우려가 있어 안 된다는 것이었다.

차보다 사람이 먼저이고, 차가 조금 불편해서 보행자가 조금 더 안전하다면 그만큼 안전하고 살기 좋은 도시가 될 터인데, 흐지부지 진행되는 행정 절차가 못마땅했다. 시민 안전보다 우선 가치는 없다.

식목일을 며칠 앞두고 나무 한 그루를 심기는커녕, 오히려 나무 한 그루를 베어냈다. 나에게도 나무에게도 미안했다. 지구를 지키는 소중한 일을 역행하는 것처럼 보일 수도 있었다. 환경 보호의 중요성을 깊이 인식하고 있었기에 쉬운 결정은 아니었다.

하지만 교차로 곡각지의 나무 한 그루가 아이들의 안전을 위협하고 있다는 명백한 사실 앞에서, 한 그루의 나무가 주는 환경적 혜택보다 단 한 명의 소중한 생명을 지키는 안전의 가치가 압도적으로 우선함을 깨달았다.

현장에서 민원을 해결하고 정책을 구정에 반영하는 과정은 때로는 이렇듯 어려운 가치 충돌의 연속이었다. 환경을 보호하면서도 시민의 안전을 확보하는 최적의 해법을 찾기 위해 노력하지만, 당장 눈앞의 위험을 제거하는 것이 가장 진실된 의정 활동임을 믿었다.

소중한 나무 한 그루 제거를 통해 이 교차로가 모두에게 안전하고 편안한 길로 거듭나기를 바란다.

복지는 통계가 아니라 진심이다:
저장강박증 이웃과의 대화

힘들었던 민원 중 하나는 저장강박증을 앓는 이웃과 관련된 민원이었다. 무작정 집을 치우는 것이 아니라, 오랜 시간 대화하며 마음을 얻었다. 이 과정에서 깨달은 것은, 정치란 수치나 통계로 평가되는 것이 아니라, 사람과 사람 사이의 신뢰와 진심으로 이뤄진다는 사실이었다.

때로는 행정적인 해결을 넘어 따뜻한 마음과 진심 어린 소통이 필요한 곳까지 이어졌다. 이번에는 단순히 쓰레기를 치우는 봉사활동이 아닌, 도움이 필요한 이웃의 마음까지 헤아리는 소중한 시간이었다.

지역구 어르신 댁을 방문했을 때, 저장강박증으로 인해 집안과 대문 앞 골목까지 물건들이 가득 쌓여 있는 모습을 보았다. 대부분 쓸 수 없는 물건들이었지만 어르신에게는 오랜 시간 축적된 소중한 기억이었다.

집안의 물건은 주인의 허락 없이는 절대 반출할 수 없는 만큼 어르신을 설득하는 과정은 쉽지 않았다. 무작정 치우는 것이 아닌, 어르신의 마음을 먼저 이해하고 소통하는 데 집중했다.

수많은 설득 끝에 마침내 공용 공간인 대문 앞 골목의 물건들부터 치우는 것에 동의를 얻어냈다. 초여름 더운 날씨와 함께 떨어지는 땀방울에 힘들다기보다는 기뻤다. 저장강박증이 단순히 개인의 문제가 아닌, 지역사회가 함께 고민하고 치유해야 할 문제임을 다시금 깨달았다.

이후 의회에서 정책을 제안하고 조례를 제정하면서 주변에 저장강박증으로 어려움을 겪는 분들에게 관심을 가질 수 있게 되었고 그분들에게 작은 도움이라도 줄 수 있게 되었다. 앞으로도 주민들의 삶 속으로 더 깊이 들어가 행정의 손길이 닿기 어려운 곳까지 살피며 진정한 이웃 사랑을 실천할 것이다.

이 과정에 제안과 큰 도움을 준 '한누리 봉사단' 회원들과 정지원 단장님의 열정과 노력에 깊은 감사를 드린다.

오르막길의 절망과 20cm의 장벽:
'무장애 도시'의 민낯을 보다

마음이 시리고 무거웠던 현장을 다녀왔다.

수성구는 주민들의 자부심이 매우 강하고, 교육과 문화 등 전국 지자체에서도 자랑스러운 도시다. 하지만 자랑스러운 도시의 이면에는 아직도 외면당하고 있는 이웃들의 불편이 숨어있다. 바로 장애인과 비장애인이 함께 살아가기 너무 힘든 그 현장을 마주했다.

지반 자체가 경사가 심한 곳이라 오르막을 완전히 평지로 만들 수는 없다는 현실은 이해한다. 하지만 처음부터 건물이나 아파트를 건축할 때 보행 약자와 장애인의 입장을 조금만 더 깊이 있게 고려했더라면 어땠을까. 차량 위주의 도로와 인도를 구성할 것이 아니라, 보행자와 이동 약자의 입장에서 설계했더라면 아파트 진입로의 가파른 경사를 충분히 줄일 수 있었고, 인도의 경사도를 훨씬 낮출 수 있었을 것이다.

가파른 오르막길은 비장애인도 숨을 헐떡이며 오를 정도였다. 그런 곳에서는 일반 휠체어를 탄 분들은 도와주는 이가 없다면 아예 시작조차 할 수 없었다. 이동권을 박탈당하는 현장이 바로 눈앞에 펼쳐졌다.

더욱 기가 막혔던 것은 눈으로 직접 확인한 현장의 모습이었다. 횡단보도와 인도가 연결되는 지점에 무려 20cm나 되는 높은 경계석이 턱 하고 버티고 있었다. 20cm. 휠체어 사용자에게는 거대한 절벽이나 마찬가지다.

결국, 휠체어를 탄 분은 인도로 올라설 수 없어 위험하게 도로를 가로질러 가야만 하는 상황에 놓인다. 안전하게 보행할 권리가 도로 위 위험 속으로 내몰리는 현실, 이 20cm의 장벽이 곧 우리 사회의 무관심 깊이를 보여주는 것 같아 가슴이 먹먹했다.

수성구를 비롯해 전국의 지자체에서는 장애인 관련 정책과 편의시설 설치를 위한 수많은 조례와 제도를 마련해 두고 있다. 하지만 정작 현장과 현실은 여전히 그대로이다. 제도는 서류 속에 잠들어 있고, 현실은 20cm의 장벽에 갇혀 있다.

우리는 장애인, 어린이, 노인, 임산부 등 모든 이동약자가 안전하고 편리하게 거리를 걷고, 아무런 장애 없이 공공시설을 비롯한 모든 다중이용시설에 자유롭게 접근할 수 있는 도시를 만들어야 한다. 그것이 더불어 사는 세상의 최소한의 약속이다.

말로만 '무장애 도시'를 외칠 것이 아니다. 이 현장의 절망을 잊지 않고, 나부터 다시 살피고 더 꼼꼼하게 챙기겠다고 다짐한다. 제도가 현실에서 제대로 작동할 때까지, 이 경계석을 없애고 경사를 낮추는 일이 모든 시민의 권리가 될 때까지, 현장을 지킬 것이다.

슬레이트 지붕 아래의 위험:
보이지 않는 위험을 걷어내다

주민 한 분의 연락을 받았다. 거주하는 사람이 없는 폐가의 슬레이트 지붕이 비바람에 부서져 떨어져 나가고 있다는 내용이었다. 당장의 파편 위험도 문제였지만, 그 속에 함유된 석면으로 인한 환경 오염과 주민 피해가 우려된다는 절박한 민원이었다.

오래전, 우리 집도 슬레이트 지붕이었다. 그때는 흔히 볼 수 있었고, 따뜻한 온기가 머물던 곳이었다. 석면은 단열성, 내화성, 절연성 등 뛰어난 특징 덕분에 한때 '영원불멸의 신소재'로 각광을 받지 않았던가. 하지만, 그 화려했던 명성 뒤에 숨겨진 진실은 너무나도 잔인했다.

세계보건기구(WHO)가 석면을 1급 발암물질로 지정하면서, 그 생산과 유통은 전면 금지되었다. 우리나라에서도 2009년부터 석면 함유 제품을 더 이상 사용할 수 없게 되었다.

이제, 그 '신소재'는 우리 삶의 터전 곳곳에 잠재된 보이지 않는 위험이 되었다. 특히 폐가처럼 관리가 되지 않아 부서지고 흩날리는 슬레이트 지붕은 주변 환경과 주민의 호흡기를 직접적으로 공격하는 셈이다.

민원을 접수하자마자 곧바로 건축과에 협조를 구했다. 폐가이기에 주인을 찾는 일부터 쉽지 않았을 텐데, 정말 감사하게도 한 달도 채 되지 않아 주인을 찾아 연락을 드리고 석면 조사, 노동청 신고, 철거, 그리고 폐기물 처리까지 모든 절차를 깔끔하게 마무리해 주셨다. 신속하고 책임감 있는 행정 처리에 가슴이 벅차올랐다.

우리 구의 녹색환경과에서는 슬레이트 철거 시 비용의 일부를 지원해 주고 있다. 단순히 건물을 치우는 것이 아니라, 환경을 지키고, 인체 유해 물질로부터 주민들을 보호하기 위함이다.

따뜻했던 옛 지붕이 지금은 제거해야 할 위험 요소가 되었다는 사실은 시대의 아픔이다. 하지만 이 아픔을 외면하지 않고 보이지 않는 곳까지 세밀하게 챙겨나갈 때 비로소 우리는 더 건강하고 안전한 환경을 미래 세대에게 물려줄 수 있다. 석면처럼 눈에 보이지 않는 위험까지 꼼꼼히 살피는 것이야말로 진정한 주민 안전 정책임을 다시 한번 깨닫는다.

골든타임을 지키는 한 줌의 용기:
방연마스크 비치 완료의 감격

가슴 벅찬 소식을 확인했다. 내가 대표 발의해서 제정했던 '화재 대피용 방연마스크 비치 및 지원에 관한 조례'에 따라, 수성구청을 비롯한 도서관과 행정복지센터 등 관내 모든 공공기관에 방연마스크 비치가 완료되었다는 사실이다.

조례를 제정하고 제도를 개정하는 일도 중요하지만, 정말 중요한 것은 그 법과 제도가 행정의 심장으로 들어가 예산에 반영되고, 필요한 곳에, 필요한 분들에게 잘 적용되는 것이다. 행동하지 않는 행정, 현실에 반영되지 않는 법과 제도는 마치 장식장에 오래도록 처박혀 있는 쓸모없는 장식품과 다를 바 없다. 이 마스크들이 제자리를 찾아 빛을 발하는 것을 보며 의정 활동의 작은 보람을 느낀다.

지방 정치와 지방의원은 말 그대로 주민 속에서 호흡하면서 주민들의 불편함을 인지하는 현장에서 답을 찾아야 한다는 나의 신념이 작은 성과로 나타난 것이다.

우리는 늘 위험에 노출되어 있지만, 그중에서도 화재는 가장 예측하기 힘든 재난이다. 예방이 최우선이지만, 만일의 하나라도 화재가 발생한다면 골든타임 안에 안전하게 대피하는 것이 생명과 직결된다. 어릴 때부터 우리는 화재 발생 시 대

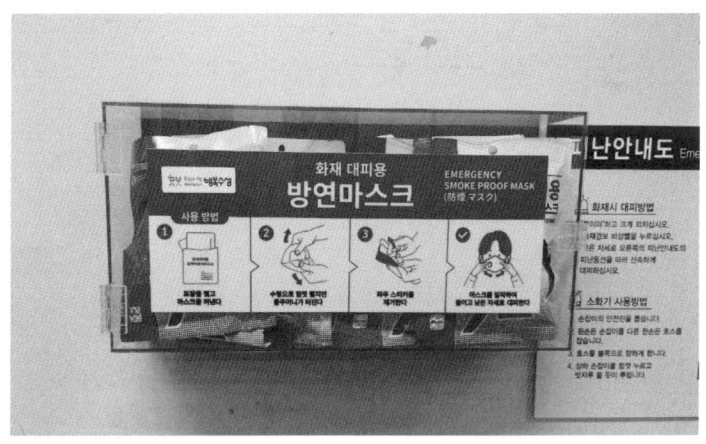

피 요령을 몸에 체화할 만큼 준비되어 있다고 믿는다.

하지만 현실은 달랐다. 기존 지침은 '수건을 물에 적시고 코와 입을 막은 후 낮은 자세로 대피하라'였다. 그러나 막상 불이 나면 마른 수건조차 찾기 힘들고, 수건을 찾는다 해도 물을 찾아 헤매는 그 짧은 순간에 치명적인 유독가스에 질식당해 골든타임을 놓칠 수 있다. 게다가 물에 젖은 수건을 들고 있으면 양손을 쓸 수 없어 화재 진압이나 어린이와 노약자를 비롯한 사회적 약자들의 구출이 매우 어려워진다.

그래서 방연마스크 비치를 제안했다. 이 마스크는 수분을 공급해 압축 진공 포장한 접착식 마스크로, 유독가스와 뜨거운 열기가 폐로 들어가는 것을 효과적으로 막아준다. 무엇보다 포장을 뜯어 수평으로 펴면 물주머니가 터지고, 스티커만 제거하고 코와 입을 덮으면 끝이다. 빠르고 간편하며, 대피 시 양손이 자유롭다는 것은 노약자나 동료를 구출해야 하는 위급 상황에서 생사를 가르는 결정적인 차이가 된다.

부피가 작아 많은 수량을 비치할 수 있고, 개인 휴대용으로도 가능하다는 장점까지 있다. 이 작은 마스크 하나가 우리 주민들의 생명을 지켜줄 마지막 방패가 될 것이라 믿는다. 여건이 되어 더 많은 민간 시설에도 이 마스크가 설치되기를 희망한다.

비치된 방연마스크를 바라보며 다짐했다. 이곳 수성구에서 안전이라는 가장 기본적인 권리를 지키기 위해, 늘 현장에서 답을 찾고 행동하는 의정 활동을 계속할 것이다. 이 마스크가 주민의 안전한 일상을 지키는 든든한 상징이 되기를 바란다.

보이지 않는 위험까지 걷어내다:
깨끗한 바람을 위한 작은 변화와 혁신

어김없이 현장을 찾아 나섰다. 걷기 좋은 등산로와 산책로를 따라 걸으니 기분은 좋지만, 지난번 구정 질문 때 제기했던 그 문제가 머릿속을 떠나지 않았다. 바로 에어건에 관한 이야기다.

등산 후 신발과 옷에 묻은 흙먼지를 털어내는 데 유용하게 쓰이는 이 에어건이, '보이지 않는 위험'을 품고 있다는 사실을 알았을 때의 충격이란 이루 말할 수 없었다. 우린 신발과 옷에 묻은 흙먼지를 털어내면서 깨끗해지리라고 생각하지만 실제는 보이지 않는 세균과 곰팡이균을 우리 몸에 뿌리는 격이 되어버린다는 것이다. 에어건에서 뿜어져 나오는 압축공기 자체가 문제였다.

압축공기(Compressed Air)란, 우리가 숨 쉬는 일반 대기(공기)를 기계적인 힘(주로 컴프레서, Compressor)을 이용해 높은 압력으로 압축하여 저장한 공기를 말한다. 이 압축된 공기는 에너지를 저장한 상태가 되어, 노즐을 통해 빠르게 분출될 때 강력한 바람을 일으키며 작동한다.

에어건(Air Gun)이란, 이 압축된 공기를 필요한 곳에 분출하는 도구를 말한다. 공원이나 등산로의 에어건은 컴프레서로 공기를 압축하고 저장탱크에 보관했다가, 버튼을 누르면 이 압축공기를 노즐을 통해 강하게 뿜어내어 등산객의 신발이나 옷에 묻은 흙먼지를 털어주는 역할을 한다.

문제는 이 공기를 압축하는 과정에서 발생한다. 공기 중의 습기가 응축되면서 컴프레서 내부에 물방울이 생기고, 이 물방울과 함께 흡입된 미세먼지, 오염 물질, 심지어 곰팡이균 등의 수많은 세균이 에어건을 통해 그대로 다시 사용자인 우리 몸에 뿜어져 나온다는 것이었다. 편리함 뒤에 숨겨진 위생과 건강의 위험이었다.

이 문제를 구정 질문을 통해 제기하며 개선책 마련을 강력히 요구했었다. 그리고 드디어 그 결실을 확인했다. 수성구 내 등산로, 산책로, 공원에 설치된 26곳의 컴프레서 전체에 정화 필터가 설치되었다. 발 빠른 조치였다. 담당 부서인 공원녹지과에서는 여기서 그치지 않고, 정기적으로 점검하고 정화 필터를 교체하여 깨끗한 공기가 유지될 수 있도록 하겠다고 약속했다. 안내 문구도 주민들이 쉽게 이해할 수 있도록 깔끔하게 수정해 놓았다.

이 작은 변화가 우리 동네를 얼마나 안전하고 건강하게 만드는지 모른다. 눈에 보이지 않는 미세한 위험까지 꼼꼼하게 살피고 개선해 준 공원녹지과에 진심으로 감사드린다.

깨끗한 바람이 흙먼지를 털어주니 기분은 좋지만, 한 가지 당부할 것이 있다. '정화 필터를 달았다고 하더라도, 에어건은 얼굴이나 피부에는 절대 쏘지 마십시오.' 압축공기의 강력한 힘은 생각지도 못한 위험을 초래할 수 있으니 안전 수칙은 꼭 지켜야 한다.

깨끗한 에어건 바람처럼, 우리 수성구의 모든 행정이 보이지 않는 곳의 안전까지 맑게 정화해 주기를 바라며 하루를 마무리한다.

위험했던 삼거리에 희망이 돌다:
위험한 교차로를 안전한 회전 교차로로

현장을 찾아 발이 닳도록 뛰어다녔던 곳에 대한 기쁜 소식을 들었다. 왕복 4차로와 2차로가 교차하는, 아파트단지 바로 옆의 그 위험했던 삼거리에 회전 교차로가 설치되었다.

작년 이맘때쯤이었을까. 민원인분의 연락을 받고 현장을 찾았을 때, 그곳은 그야말로 '위험의 교차로'였다. 신호등이 없어 교통 혼란이 극심했고, 횡단보도는 있으나 마나 제 역할을 못 했다. 특히 우회전 시 오른쪽 시야가 불법주정차 차량에 완전히 가려져 사고 위험이 항상 존재했다. 밤샘 불법주차는 새벽에도 교통체증을 유발하는 주범이다. 주민들의 불안과 분노는 이미 극에 달해 있었다.

담당 부서에 협조를 구하고 끈질기게 해결책을 모색한 지 1년 정도가 지났다. 그리고 드디어 올해, 구청에서 이 교차로를 회전 교차로로 변경할 예정이라는 소식을 들었다. 현장의 위험을 외면하지 않고 심도 있게 검토하고 협조해 준 모든 관계자께 진심으로 감사드린다. 이 작은 결정 하나가 수많은 사람의 안전한 일상을 지켜줄 것이다. 의정 활동의 보람이 이럴 때 가장 크게 느껴진다.

회전 교차로는 단순한 교통 시설물이 아니다. 이는 안전과

효율성, 그리고 환경이라는 세 마리 토끼를 잡는 현명한 정책 결정이다.

우선 안전 면에서, 기존 십자형 교차로와 달리 진입 속도를 강제로 줄이게 하고 정면충돌 위험이 거의 없는 구조 덕분에 교통사고는 66.7%, 인명피해는 77.8%라는 놀라운 감소 효과를 가져온다고 통계가 말해준다. 직진 차량조차 무조건 속도를 줄여야 하니, 이 무법천지 같던 교차로가 훨씬 안전한 공간으로 거듭날 것이다.

또한, 신호등이 없다는 것은 불필요한 신호대기가 사라져 차량 흐름이 원활해지고 같은 시간 대비 더 많은 교통량을 소화할 수 있다는 의미다. 신호대기가 없어지니 공회전이 감소되고, 이는 곧 에너지 절약과 대기질 개선이라는 환경적 효과로 이어진다. 게다가 중앙의 교통섬은 삭막했던 도시미관을 개선하는 작은 정원 역할까지 해낼 수 있다. 한 바퀴만 돌면 유턴까지 쉽게 할 수 있으니, 운전자에게도 큰 편리함을 제공한다.

물론, 회전 교차로에도 단점은 있다. 넓은 면적이 필요하고, 교통량이 많거나 6차선 이상의 대로 교차로에는 부적합하며, 초보 운전자들에게는 당분간 혼란이 있을 수 있다. 특히 '양보와 배려'가 수반되지 않으면 오히려 혼잡을 초래할 수 있다.

하지만 바로 이 '양보와 배려'가 회전 교차로의 핵심 가치다. 이 제도가 성공적으로 정착된다면, 이웃을 먼저 생각하는 따뜻한 운전 문화까지 함께 정착될 것이라고 믿는다.

이 삼거리가 안전하고 원활하며, 서로 양보하는 미덕이 살아 숨 쉬는 공간으로 변화되기를 기대한다. 현장에서 답을 찾고, 그 답이 현실에 반영되는 이 과정을 통해 다시 한번 지방 정치의 힘을 느낀다.

정인아, 미안해:
아동학대로 또 한 명의 아이가 하늘나라로

사회적 방임과 방치 속에서 사랑하는 우리 아이들은 해마다 아동학대로 인해 고통과 상처를 받거나 심지어는 죽어간다. 우리는 왜 아이들을 보호하지 못하는 걸까? 아이들은 온 마을이 함께 키운다고 한다. 가정과 이웃, 지역과 사회, 국가가 함께 키워야 한다. 아동학대는 신체적 심리적 성적 학대를 포함해 빈번하고 광범위하게 일어나는 유기와 방임이 있다. 제대로 먹이거나 입히지 않는 것, 불결하거나 위험한 환경에 방치하거나 아이 홀로 두는 것, 출생신고를 하지 않는 것, 필요한 의료 조치를 하지 않는 것, 특별한 사유 없이 학교에 보내지 않는 등 방임은 소리 없이 우리 주변과 가정에서 이루어지는 경우가 많다.

가장 작은 공동체인 가정이 회복되어야 한다.

학대의 주체는 놀랍게도 부모가 가장 많다고 한다. 아이를 잘 키워보려고 학대인 줄 모르고 과하게 행하는 여러 가지의 행동이나 상황들이 있을 수도 있고, 사는 것 자체가 힘드니 본의 아니게 아이에게 그 분노를 표현할 수도 있다. 어떠한 상황과 이유가 있더라도 아이들을 보호하는 건 우리 모두의 몫이다. 어른들조차 살기 힘든 사회에서 아이들이 설 자리는 더욱 없을 것이다.

어른들이 책임져야 한다.

나부터 성찰하고 실천하려 한다. 아빠로서 어른으로서 지방의원으로서 할 수 있는 일부터 하겠다. 법과 제도에 따른 시스템의 구체적 실행, 예방과 교육, 사회적 연대와 협력, 실천을 통해 다시는 '미안해'라는 말을 하지 않게 되기를 간절히 바란다.

함께, 아동학대 없는 세상, 아이들이 안전하고 건강하게 자랄 수 있는 세상을 만들어가고 싶다.

담배꽁초의 역습:
미세플라스틱과 비말 위협, 모두를 위한 해법 모색

지방의회 차원에서 다뤄져야 할 두 가지 심각한 현안인 환경 오염과 공중 보건을 아우르는 주제를 고민했다. 바로 담배꽁초 문제이다.

우리가 무심코 버리는 담배 필터는 놀랍게도 플라스틱이다. 필터 하나에 약 1만 2천 개의 '셀룰로스 아세테이트 섬유', 즉 미세플라스틱이 포함되어 있으며, 자연 분해되는 데 무려 10년이 걸린다고 한다. 국제 해양 환경 단체의 자료에 따르면, 지난 32년간 전 세계 해변에서 수거된 쓰레기 중 3분의 1이 담배꽁초였다니, 그 심각성에 아찔함을 느낀다.

길가, 화단, 배수구 등에 무단 투기된 담배꽁초는 일차적으로 도시 환경을 오염시키고, 배수구를 막아 침수 문제를 유발한다. 그리고 끝내 흘러 흘러 바다로 가서 물고기와 어패류에 흡수된다. 결국 미세플라스틱에 오염된 어패류는 우리의 식탁으로 되돌아와, 우리가 무심코 버린 쓰레기를 다시 먹게 되는 끔찍한 순환 고리를 만든다. 자연과 인간 모두에게 피해가 가는 것이다.

더 심각한 문제는 공중 보건에 대한 위협이다. 코로나 시대를 겪으며 우리는 비말(飛沫)에 대한 공포를 뼈저리게 느꼈다. 마스크 착용이 의무화될 정도로 민감한 문제인데, 흡연자가 비말이 묻은 담배꽁초를 아무렇게나 버린다면, 이는 또 다른 감염 위험 경로를 만드는 것과 다름없다.

여기에 더해, 현행 제도의 맹점도 있다. 금연구역은 지정해 두었지만, 흡연자가 안심하고 이용할 수 있는 흡연구역은 턱없이 부족하다. 이는 '금연구역 외에서는 흡연해도 된다'는 역설적인 인식을 낳아 간접흡연 피해를 키우고, 결국 담배꽁초의 무단투기를 부추기는 결과를 낳고 있다.

지방 정치와 의회는 바로 이 교차점에서 균형 잡힌 해법을 제시해야 할 책임이 있다. 단순히 과태료를 부과하는 행정을 넘어, 흡연자와 비흡연자 모두의 권리를 존중하면서 환경 문제를 해결할 수 있는 창의적인 정책을 고민해야 한다.

예컨대, '클린 스모킹 구역' 지정 및 미세먼지 필터가 장착된 '스마트 흡연 부스' 설치를 지원하고, 여기에 재활용률을 높이는 담배꽁초 전용 수거 시스템을 의무화하는 정책을 펼 수 있다. 정책과 민원 해결은 단순히 문제를 없애는 것이 아니라, 시민의 삶의 질을 바꾸는 힘이 될 수 있다.

담배꽁초 하나에도 미세플라스틱의 위협과 공중 보건 문제가 얽혀있는 이 복잡한 현안에 대해, 앞으로 지방 정치의 희망과 필요성을 바탕으로 합리적이고 좋은 방안을 반드시 찾아낼 것이다.

Part 5

정치 백수의 삶

삶의 무게를 털다

4년의 임기를 마치고 재선에 도전했지만, 공천 과정에서 뜻밖의 좌절을 맛보았다. 정치인의 삶이 늘 화려한 승리만 있는 게 아니라는 현실을 온몸으로 느꼈다.

그 이후, 생계를 위해 호두과자 노점 장사와 일용직 노동자를 하면서 동네를 누볐던 경험도 솔직하게 담았다. 정치인에서 생활인이 되어 고단했으나 동시에 현장에서 시민과 다시 연결되는 시간이기도 했다.

사람에게 길을 묻다

우리는 종종 물리적인 길을 묻는다.

"여기서 시청까지 어떻게 가나요?"

"이 주소가 어디쯤인가요?"

하지만 인생의 고비마다 우리는 훨씬 더 근본적이고 중요한 질문을 던진다. 바로 '삶의 길'에 대한 질문이다.

정치인으로서 길이 막히고, 생계의 현장에서 다시 시작했을 때, 흙먼지 속에서 다시 사람에게 길을 물었다. 내가 물은 길은 지름길이 아니라, 인간으로서의 정직한 방향이었다.

더 이상 권력의 길을 묻지 않았다. 대신, '어떻게 땀을 흘려야 하는지', '어떻게 사는 것이 바른 삶인지'를 묵묵히 동료 노동자들에게 물었다.

현장에서 만난 동료들은 최고의 스승이었다. 그들의 삶은 고정적이지 않은 수입과 불확실한 내일이라는 불안정함 위에

서있었지만, 그들의 입에서 나오는 이야기는 가장 현실적이고 통찰력 있는 '정치적 답변'이었다.

그들은 막걸리 한 잔을 나누며 '나라가 이래서는 안 된다'고 목소리를 높였다. 그 걱정은 선거 전략이 아닌, 하루하루 치열하게 살아가는 이들의 절박한 외침이었다.

그들은 누가 진정한 일꾼인지, 어떤 정책이 서민을 위한 것인지를 본능적으로 알고 있었다. 의회에서 보던 통계 수치가 아닌, 피부로 느낀 삶의 진실을 통해 세상을 판단했다. 그들에게서 단순히 작업 기술을 배운 것이 아니라, 민심(民心)이라는 가장 근본적인 길을 다시 배웠다.

기술과 실력이 있어야 대접받는다는 노동 현장의 진리처럼, 삶의 길 역시 끊임없는 헌신과 노력 없이는 올바른 방향을 찾을 수 없다. 인연의 소중함을 배운 것처럼, 삶의 길도 결국 함께 걷는 사람을 통해 완성된다는 것을 알았다.

뚝뚝 떨어지는 땀방울이 이유 없는 웃음을 준 것처럼, 고난 속에서도 정직한 노동의 가치를 발견할 때 비로소 진정한 위로와 희망을 얻을 수 있다.

그 길에서 비로소 '사람을 위한 길'이 무엇인지 다시 한번 확인했다.

은행을 털다

낙선이라는 표지판은 나를 잠시 멈춰 세웠지만, 삶은 멈추지 않았다. 구의원 배지를 떼어내고, 의도치 않게 '일상 회복'이라는 새로운 프로젝트를 시작해야 했다.

은행을 털었던 한 달간의 노동은 일종의 정신적인 리셋 버튼이었다. 육체의 고통이 정신을 지배하는 동안, 선거의 패배나 정치적 상실감 같은 복잡한 감정들은 잠시 뒤로 밀려났다. 자연스럽게 현재라는 시간에만 몰입하게 되었다.

정치인의 삶은 불규칙했다. 언제 올지 모르는 민원과 회의, 행사 일정으로 하루가 채워졌다. 하지만 일용직 노동자의 루틴은 극도로 단순하고 명확했다. 새벽에 일어나 몸을 움직이기 시작해, 정해진 시간 동안 주어진 일을 하고, 퇴근해서 쉬는, 이 단순하고 반복적인 루틴이 나에게는 오히려 안정을 가져다주었다.

의원 시절에는 항상 시민들을 '바라보는 시선'으로 만났던 것 같다. 그분들의 불편을 듣고, 해결책을 제시하는 입장이었다.

하지만 은행을 털면서, 나는 완전히 '시선 아래'로 내려왔다. 작업복을 입고 거리에 쭈그리고 앉아 냄새를 풍기는 은행 열매를 쓸어 담는 동안 비로소 시민들과 같은 공간에서 같은 불편을 감수하며 일하는 노동자가 되었다.

과거엔 은행 열매 냄새 등으로 인한 시민 불편과 수종 교체 예산에 대한 행정적 시각이었다면, 지금은 '은행 냄새가 이 정도로 심하구나. 빗자루질이 왜 이렇게 힘든 거지?'라는 생각과 은행을 터는 장비와 방식, 그리고 현장에서 함께하는 노동자분들의 모습을 보는 경험은 나를 훨씬 겸손하고 현실적인 사람으로 변화시키고 있었다. 문제를 책상 위가 아닌 거리 바닥에서 바라보는 법을 더 많이 더 깊이 배웠고, 앞으로 어떤 일을 하더라도 잊지 못할 귀한 교훈이었다.

은행 털기라는 일시적인 노동을 마치고 돌아왔을 때는 더 이상 '낙선한 정치인'이 아닌, '귀한 경험을 얻은 사람'이었고, 앞으로도 이렇게 평범한 시민으로 살아가면서 해야 할 일을 찾아야겠다고 다짐했다.

선거는 끝났지만, 지역사회를 향한 나의 관심과 열정은 사라지지 않았다. 다만 그 표현 방식이 바뀌었을 뿐이었다. 이제 의정 활동이 아닌, 내가 직접 겪은 일상의 경험과 교훈을 바탕으로 다시 시작할 준비를 하면 된다.

정치적 좌절을 겪었지만, 땀 흘려 얻은 교훈과 재정립된 일상 덕분에 더 단단해진 희망을 품게 되었다. 가을이 지나고 겨울이 오면, 이 경험을 발판 삼아 다음 단계로 힘차게 나아갈 것이다.

땀과 냄새, 식당에서의 교차로

점심시간이었다. 오전 내내 땀을 흘리며 은행을 털고 쓸어 담고 마대를 날랐다. 온몸은 이미 너덜너덜해졌지만, 그보다 더 신경 쓰이는 것은 작업복에 깊이 배어버린 은행 열매의 지독한 냄새였다. 가까운 백반집 문을 열고 들어섰을 때, 식당 안의 공기는 마치 내 존재를 거부하는 듯 순식간에 차가워지는 것 같았다.

식당 안은 깨끗하고 맛있는 음식 냄새로 가득했다. 하지만 일행들이 문을 열고 들어서는 순간, 그 모든 향이 뒤섞여 묘한 긴장감을 만들었다.

식사하던 손님들이 고개를 들어 우리를 쳐다봤다. 그들의 눈빛에는 놀라움과 함께 약간의 거부감이 서려있었다. '저 지독한 냄새가 우리 식사 자리까지 오지 않을까' 하는 미세한 우려가 그들의 표정에서 읽혔다. 우리 일행들은 급히 구석 자리, 주방 입구 쪽으로 몸을 숨기듯 앉았다.

주인아주머니는 능숙한 표정으로 냄새를 감추려 노력했지만, 미간을 찌푸리는 미세한 움직임까지 숨기지는 못했다.

"아이고, 얼마나 고되세요. 여기, 문이랑 먼 쪽으로 앉으세요."

아주머니의 목소리는 친절했지만, 손짓은 우리를 최대한

격리하려는 듯했다. 어쩌면 그분도 우리 때문에 다른 손님들이 불쾌해할까 염려하는, 현실적인 장사꾼의 고민이 있었으리라 생각한다.

일행들 또한 불편했다. 의도하진 않았지만 냄새를 풍겨 민폐를 끼치는 것 같아 밥을 먹는 내내 죄인이 된 기분이었다. 국밥 한 그릇을 급히 비우면서도, '빨리 나가서 이 냄새를 격리해야겠다'는 생각뿐이었다.

하지만 그 불편함 속에서도 사람 사는 모습의 희망을 엿볼 수 있었다.

"힘드셔도 밥은 든든히 먹어야 해요. 여기 김치 좀 더 드릴까요?"

주인아주머니의 환한 미소와 따뜻한 말 한마디는 냄새 때문에 움츠러들었던 일행들 마음을 녹여주었다. 아주머니는 우리의 상황을 알았고, 잠시의 거부감 이후에는 고된 노동에 대한 이해와 배려를 건네주셨다.

우리 일행을 쳐다보던 다른 손님들도 이내 식사에 집중하며 우리로부터 시선을 거두었다. 그들의 무관심은 나에게는 '괜찮다, 신경 쓰지 마라'는 조용한 메시지처럼 느껴졌다. 우리 사회가 가진 생활의 관용이었다.

식당에서의 짧은 점심시간은 나에게 냄새라는 '현실의 벽'과 '인간적인 이해의 다리'를 동시에 경험하게 했다.

우리는 모두 각자의 자리에서 땀을 흘리며 살아간다. 누군가는 은행 열매를 치우는 고된 노동을 하고, 누군가는 그 악취 없는 환경에서 편안하게 식사한다. 내 복장과 냄새가 주는 거부감은 자연스러운 인간의 감정일 것이다.

하지만 우리가 이 작은 불편함을 노동의 흔적으로, 함께 살아가는 이웃의 모습으로 받아들이고 서로 이해하며 배려하는 사회가 되기를 소망한다. 고된 일을 하는 이들이 잠시 밥 한 끼를 먹으러 들어섰을 때, 그들의 땀 냄새가 존중받는 사회. 사람 사는 세상의 따뜻함이 냄새보다 더 진하게 배어 나오는 그런 일상이 되기를 바란다.

거리의 오아시스, 얼음 음료의 기적

은행 열매를 털어내는 일은 시간과의 싸움이었다. 햇볕이 가장 뜨거울 때, 지독한 냄새와 사투를 벌이며 삽과 빗자루를 놓지 못했다. 안 쓰던 근육은 끊어질 듯 아팠고, 땀은 작업복을 흥건히 적셨다. 그렇게 한 가게 앞에서 땀을 뻘뻘 흘리며 은행을 긁어모으고 있을 때였다. 가게 문이 열리더니, 사장님 한 분이 쟁반에 시원한 얼음 음료를 가득 담아 들고 나오셨다.

"은행 치우시느라 정말 고생 많으세요! 냄새 때문에 저희도 불편했는데, 이렇게 애써주시니 너무 감사해서요. 이거 드시고 잠깐 쉬세요."

예상치 못한 따뜻한 배려에 우리 일행은 하던 일을 잠시 멈췄다. 캔 음료를 따는 치익 소리와 함께 올라오는 시원함, 그리고 단맛은 고통스러웠던 노동의 시간을 일순간 멈춰 세우는 기적과 같았다. 음료수는 단순한 갈증 해소가 아니었다. 그것은 우리 사회가 함께 살아가고 있다는 가장 명확하고 따뜻한 증거였다.

이 작은 음료 한 잔은, 우리 사회가 냄새와 불편함이라는 장벽 너머에 따뜻한 이해와 감사를 건넬 줄 아는 곳이라는 사실을 깨닫게 했다.

식당에서 느낀 미세한 거부감, 그리고 거리에서 받은 시원한 음료 한 잔의 배려. 이 상반된 경험들은 낙선 후 내가 겪은 일상 회복 과정의 전부였다.

정치인의 삶을 살 때는 자세히 보지 못했던 삶의 디테일과 땀의 무게를 알게 되었다. 누군가의 땀 냄새를 불쾌하게 여길 수도 있지만, 그 땀이 결국 나의 쾌적한 환경을 만드는 노동의 결과임을 이해하는 것. 그리고 그 고된 노동에 진심 어린 감사와 배려를 건네는 것.

이 은행 털기라는 소중한 경험 속에서 노동의 존엄성과 인간적인 배려의 따뜻함이라는 가장 소중한 가치를 되찾았다.

잃었던 정치적 명함 대신, 더 단단하고 겸손해진 일상으로 돌아오고 있었다.

세상은 여전히 고단하지만, 이웃의 작은 배려 덕분에 충분히 아름답고 따뜻하다는 희망을 품고 다시 새로운 발걸음을 내디뎠다.

호두과자 노점 100일의 짧은 여정

사춘기 아이들의 명쾌한 응원:
호두과자 아빠

요리라고는 라면 삶기와 달걀프라이, 김치볶음밥밖에 할 줄 모르던 내가 길거리 노점에서 호두과자 굽는 일을 하리라고는 상상도 하지 못했다. 처음에는 쉽게 결정을 내릴 수 없었고, 많은 고민의 시간을 거쳤다.

낙선 후 생계를 위해 노점을 시작하기 전, 가장 큰 걱정과 우려는 사춘기에 접어든 아들과 딸에게 이 사실을 어떻게 털어놓아야 할지에 대한 것이었다. 정치하는 아빠의 모습 대신, 길거리에서 호두과자를 굽는 아빠의 모습을 아이들이 어떻게 받아들일지 혼자 수없이 고민했다.

하지만 두 아이의 반응은 나의 모든 걱정을 단번에 무너뜨

리는 명쾌한 답이었다.

"아빠가 하고 싶은 대로 해. 우리는 상관없어. 호두과자 좋아하니깐 맛나게 구워서 우리 것도 가져와."

순간, 머리를 한 대 맞은 듯한 깨달음을 얻었다.

아이들의 눈에는 '호두과자 장사'라는 직업의 형태나 '노점상'이라는 사회적 시선은 전혀 중요하지 않았던 것이었다. 그저 아빠가 생계를 위해 열심히 일하는 모습 그 자체를 보고 있었고, 무조건 응원하고 있었다.

나 혼자 직업에 귀천을 나누고 속으로 끙끙 앓으며 이 상황을 부끄러워했던 것이 너무나 부끄러웠다. 아이들은 이미 나보다 훨씬 더 성숙하고 건강한 가치관을 가지고 세상을 바라보고 있었다.

아이들의 응원은 나에게 가장 강력한 힘이 되었다. 호두과자 노점은 단순한 생계 수단이 아니라, 아이들의 신뢰와 사랑을 확인하는 소중한 장소가 되었다. 이 경험은 내가 앞으로 어떤 일을 하든 당당하고 자신감 있게 나아갈 수 있는 가장 큰 용기를 주었다.

노점상의 현실:
돈 주고도 못 배우는 길거리의 시련

생계를 위해 시작한 일은 곧 나의 일상이 되어버렸다. 달인의 경지까지는 이르지 못했지만, 나름대로 노하우를 터득하고 다양한 방법으로 굽고 팔았다. 이 짧은 경험은 정치인의 삶과는 완전히 분리된, 삶의 또 다른 한 부분을 경험한 소중한 과정이었다. 잊지 못할 짧은 여행을 다녀온 듯, 이 현장에서 부끄러움 없이 최선을 다했다.

노점상을 하다 보니 이것저것 시비를 걸어오는 일이 잦았다. 수십 년 전의 일처럼 느껴졌지만, 시대가 바뀌니 시비를 거는 방식도 다른 형태로 진화한 듯했다.

과거의 노점 단속이 물리적인 충돌이었다면, 지금은 주로 민원과 불편 제기라는 형태로 나타났다. '냄새가 난다', '길을 막는다', '주변 상가에 피해를 준다' 등의 민원은 즉각적으로

구청이나 마트 관리팀을 통해 나에게 전달되었고, 나는 매번 자리를 옮기거나 판매 방식을 수정해야 했다. 합법과 불법의 경계선에서 끊임없이 눈치를 봐야 하는 이 현실은, 생계의 간절함을 지키기 위한 싸움이었다.

노점상은 가장 원시적인 형태로 자연과 맞서야 하는 직업이었다. 갑자기 쏟아지는 비를 피하기 위해 매대를 급히 접고 천막을 씌워야 했다. 준비된 실내 공간이 없기에, 비는 곧 그날 영업 포기나 다름없었다.

한겨울 아침과 저녁의 추위는 그대로 몸에 스며들었다. 따뜻한 음식을 팔았지만, 늘 찬 바람에 노출되어 있었다. 한낮의 뙤약볕은 매대를 달구고 나를 지치게 했다.

자리를 옮기고, 비를 피하고, 추위를 피해야 하는 현실은 그 자체로 가슴 아픈 일이었다. 정해진 공간 없이 하루하루를 버텨야 하는 노점상의 삶을 경험하며, 생활 터전의 불안정함이 주는 심리적 압박감을 이해하게 되었다.

호두과자 노점의 풍경:
사람들 속에서 사람을 만나다

호두과자 노점을 운영하던 100여 일, 나에게는 마치 작은 인간극장을 펼쳐놓은 듯한 시간이었다. 마트 앞에서 호두과자를 구우며 수많은 사람들의 일상과 마주했다.

주말이 되면 풍경은 더욱 정겹다. 장을 보러 나오는 사람들의 모습은 참 따뜻해 기분이 좋아졌다.

다정한 부부, 설레는 연인, 화목하고 단란한 가족들이 손을 잡고 장을 본다. 특히, 3대가 함께 오시는 분들의 모습은 보기만 해도 훈훈하다. 손주들에게는 할아버지, 할머니와 함께 먹을 호두과자가 최고의 간식이었다. 사람들은 여행 갈 준비를 하거나, 가족 및 친지들과 함께 나눌 먹거리를 가득 준비한다. '오늘 밤은 어떤 사는 이야기, 살아갈 이야기들로 밤을 새울까' 상상하는 것만으로도 흐뭇해졌다.

　간혹, 정치 이야기나 사회 이슈를 이야기하며 언성이 높아지는 분들도 보였다. 하지만 결국 헤어질 땐 아쉬워하며 웃고, 다음을 기약하는 모습에서 우리 사회의 끈끈한 정을 느낄 수 있었다.

　물론 늘 따뜻하고 평화로운 모습만 있는 것은 아니다.

　기분 좋게 장을 보러 왔다가 사소한 일로 티격태격 사랑싸움하는 연인들, 구매한 물건들을 카트나 박스에 포장하면서 마음이 맞지 않아 서로 나 몰라라 하는 부부. 살짝 삐져서 먼저 성큼성큼 걸어가는 사람도 있었다.

　하지만 결국, 이 모든 모습이 사람 사는 세상의 본질인 듯하다. 다투고 삐지더라도, 결국은 서로 사랑하고 이해하며 살아갈 것이다. 그들의 짧은 갈등조차도, 노점상에게는 생생한 삶의 단면이었다.

　"6개 3천 원, 10개 5천 원입니다."

이 간단한 한마디로 시작해서 호두과자를 매개체로 주고받는 짧은 대화 속에, 수많은 사연과 의미를 지닌 사람들을 만났다.

아주 짧은 시간이지만, 호두과자를 건네고 거스름돈을 주고받는 순간의 대화 속에서 우리는 서로를 조금씩 알아갔다.

"날씨가 너무 덥죠, 사장님?"

"이거 맛 좋네요, 어디서 배우셨어요?"

"힘들어도 힘내세요!"

이 짧은 응원의 말들, 소소한 일상 이야기가 나에게는 큰 힘이 되었다. 언제 또 이분들을 다시 만나게 될지는 모르지만, 마트 앞을 지나치는, 혹은 나의 호두과자를 사주셨던 모든 분의 삶과 일상이 잘 풀리고 행복하기를 진심으로 기원했다.

호두과자 노점은 나에게 생계를 넘어, 사람들 속에서 인간의 따뜻함과 진실을 다시 만나는 소중한 배움의 현장이었다.

호두과자 노점을 접다

쌀쌀한 바람이 불기 시작할 무렵, 호두과자 노점은 후각을 자극하는 희한한 매력으로 문전성시를 이루었다. 붕어빵보다 더 진하게 퍼져나가는 고소한 굽는 향은, 마치 마법처럼 사람들의 발길을 멈춰 세웠다. 그 따뜻한 냄새는 나에게 생계의 희망이었다.

하지만 계절은 냉정했다.

날씨가 점점 따뜻해지자, 노점 앞에 머무는 사람들의 발길이 거짓말처럼 줄어들었다. 설상가상으로 호두과자 굽는 기계에서 뿜어져 나오는 뜨거운 열기는 노점의 환경을 점점 더 지치게 했다. 땀을 닦으며 뜨거운 불 앞에서 홀로 서 있는 매장 환경은, 고군분투하는 나의 모습처럼 서글퍼졌다.

이대로 무리하게 지속하기보다는 잠시 멈추는 것이 현명하다는 냉철한 결론에 도달했다. 실내 매장을 임대하는 것은 현실적인 여건상 엄두조차 낼 수 없는 사치였기에, 겸허히 이 계절의 변화를 받아들이기로 했다.

짧은 기간이었지만, 이 작은 노점은 나의 생활 중심이자 인간적인 소통의 공간이 되어있었다. 마지막 장사를 마치고 노점을 정리하는 날, 가슴 한구석이 시큰거렸다. 매일 아침 얼굴을 마주하던 마트 직원분들과 나의 호두과자를 찾아주셨던 단골고객분들이 가장 많이 아쉬워하셨다.

"이제 사장님 호두과자는 어디서 먹어요?"

그들의 따뜻한 물음은, 내가 노점에서 얻은 가장 값진 수확이었다.

지인들의 진심 어린 격려와 예고 없는 방문은 고단했던 노점상의 하루를 지탱하게 해준 가장 강력한 힘이었다. 그들의 응원 덕분에 부끄러움 없이 최선을 다했고, 생계를 위한 일 이상의 삶의 의미를 얻을 수 있었다.

제작했던 매대와 구입했던 기자재들을 어딘가에 잠시 보관할 계획이다. 언젠가 이 노점의 따뜻한 추억이, 그리고 다시 호두과자 굽는 냄새가 그리워질 때 다시 꺼내볼 희망을 남겨두었다.

호두과자 노점은 끝났다. 하지만 이곳에서 만났던 사람들의 따뜻한 마음은 내 삶에 오래도록 남을 것이다. 이 짧은 여정을 발판 삼아, 이제 또 다른 출발을 준비하고 있다.

영업, 새로운 문화와 언어를 만나다

아파트 벽을 바라보며 지지를 호소하던 '벽치기 유세'는 익숙했지만, 지금처럼 대구 경북의 모든 아파트를 찾아다니는 건 생애 처음 있는 일이었다.

낙선 후의 현실은 냉정했다. 나는 낙선에 대한 대비를 미처 하지 못했다. 하지만 멈춰 서 있을 순 없었다. 가족의 생계를 책임지는 가장으로서의 책임감은 당연했고, 앞으로의 긴 정치 여정을 위해서라도, 밑바닥부터 땀 흘려 일하는 삶의 현장을 직접 경험하는 것이 무엇보다 소중한 자산이 되리라 생각했다.

전기와는 거리가 멀었던 내가 전기차 충전기와 동행하게 되었다. 그 영업의 현장에서 새로운 언어와 문화를 접했다.

집밥 충전기와 회사밥 충전기. 집밥 충전기는 '퇴근 후부터 다음 날 출근할 때까지, 집에서 밤새도록 꽂아두면 완충이 되는 충전기(주로 완속 충전기를 의미)'를 의미하고, 회사밥 충전기는 '출근해서 퇴근하는 시간까지 회사에서 충전하는 충전기(주로 급속 또는 완속 충전기를 의미)'를 의미한다.

이처럼 친숙한 단어에 새로운 의미를 부여한 용어들은, 전기차 시대가 이미 우리 일상 깊숙이 들어와 있음을 실감하게 했다. 환경친화적 자동차의 보급이 늘어나 조금이라도 기후 위기에 대응하기를 진심으로 기대하며, 배움의 자세로 이 일을 즐겁게 해나가고 있다.

사람 만나기를 좋아했던 나이지만, 영업이라는 현장은 선거 유세와는 차원이 달랐다. 유세는 나를 알리고 지지를 호소하는 일이었지만, 영업은 신뢰를 얻고 결과를 만들어내는 일이었다.

아파트와 건물의 관리책임자를 만나 이야기 나누는 것이 첫 번째 관문이다. 물론 만나는 것 자체가 힘들다. 관리책임자를 만나도, 전기차 충전기의 필요성을 설명하고, 복잡한 설치 과정과 비용 문제를 설득하고, 이해하고, 공감을 얻어내야 했다.

길었던 장마가 끝나고 푹푹 찌는 뜨거운 여름, '뙤약볕'이라는 말이 온몸으로 실감 나는 날씨였다. 무더위 속에 주차장이 있는 곳이라면 대구 경북 어디든 돌아다녔다. 휴가철이라 관리책임자를 만나기도 힘들고, 만나더라도 단번에 계약을 따내기란 만만치 않았다.

영업 현장의 냉정한 현실이다. 꾸준히 관계를 맺고 소통하는 것, 진심이 전해지는 영업이야말로 결과를 만드는 유일한 길임을 알고 있다. 단번에 성과는 없지만, 뿌린 만큼 거둘 거라는 작은 희망을 품고 묵묵히 영업 현장을 누볐다.

아파트를 벗어나 골프장, 숙박시설, 빌딩, 연수원, 종교시설 등 주차장이 있는 곳은 어디든지 영업 대상이었고, 현장이었다.

뙤약볕 아래에서, 골프를 즐기는 사람들도 보지만, 동시에 수해복구에 구슬땀을 흘리는 분들, 찜통더위에도 집으로 돌아가지 못하고 아픔을 겪고 계신 이웃들을 생각한다.

정치인이라는 이름표를 떼고 땀 흘리는 노동자가 되어서야 비로소 그분들의 고통에 조금 더 깊이 공감할 수 있게 되었다.

이처럼 생계의 최전선에서 사람들의 삶과 불편을 온몸으로 겪어보는 과정은 앞으로 나의 정치 여정에 가장 소중한 자양분이 될 것이다. 모든 것은 연결되어 있다. 내가 지금 흘리는 이 땀이 결국 다시 시민들의 삶과 공감하는 통로가 되리라 믿으며, 오늘도 전기차 충전기 영업을 위해 다음 아파트로 발걸음을 옮긴다.

여기서 내 호칭은 '박 반장'이다

"박 반장님! '반생' 좀 가져다주세요!"

순간 멍했다. '반생'? 생소한 일본어 잔재인 줄은 알았지만, 무슨 도구나 자재인지 도통 감이 오지 않았다.

"아니, 아무리 일한 지 며칠 안 되었다고 해도 반생을 모릅니까?"

진짜 반장(현장에서 맡은 파트의 책임자)의 핀잔에 자존심이 상했지만, 모르는 건 모르는 거니 누굴 탓하랴. 쓴웃음이 났다. 하지만 일당을 벌기 위해 모인 노동 현장에서는 오늘 내가 얼마나 빨리 현장 용어를 익히고 일머리를 찾아 움직이느냐가 중요하다.

몇 년 전까지만 해도 "박 씨"라고 불리던 현장에서 이제는 용역업체를 통해 온 일용직들에게도 '반장'이라는 호칭을 붙여준다. 물론, 현장 파트별로 진짜 반장들이 따로 있지만, 이 거친 노동 현장에서 불리는 '반장'이라는 호칭은 막일꾼으로서의 자존감을 지켜주는 작은 방패막인 듯했다. 비록 잡부일지언정, 호칭 하나로 왠지 모를 책임감도 생기고 기분이 좋아진다.

건설 현장은 여전히 일본어 잔재인 용어들이 넘실거린다. 노가다(막일), 오야지(팀의 리더), 십장(중간관리자, 반장),

함바(현장 식당), 시마이(마무리), 야리끼리(도급제), 나라시 (고르기), 다루끼(각목), 아시바(비계) 같은 용어들 탓에 초보 자들은 장비나 도구의 이름을 몰라 어리바리하다가 작업 속 도가 느려지기 십상이다.

하지만 다행히 눈치가 빠르고 일머리가 있다는 소리를 들 으면서 빠르게 현장에 적응하고 있었다. 주변에서 '일 잘한 다'는 칭찬은 고된 하루를 버티게 하는 원동력이자, 적어도 현장에 민폐는 끼치지 않고 있다는 안도감을 준다.

이름 그대로 잡부의 역할은 간단하다. 엄밀히 말해 '모든 걸 다 할 줄 아는 것'이 아니라, '시키는 대로 아무거나 닥치 는 대로 해내는 것'이다. 아파트 공사 현장, 빌딩 건설 현장, 건물 리모델링 현장….

　일용직 노동자는 정해진 현장이 없다. 손이 필요한 곳이라면 어디든 가야 한다. 그러나 요즘 같은 건설 경기 불황에는 내일 어디로 갈지조차 모르는 상황이 태반이다. 일이 없는 날이 더 많다. 용역회사를 통한 일용직들 사이에서도 빽이라는 것이 존재한다.

　소장님이나 반장님과 안면이 있거나 관계가 좋아야 일이 끊기지 않고 며칠이라도 고정 출근을 할 수 있다. 그렇지 못한 대부분은 하루하루 순번을 기다리는 게 일상이다. 먹고 살 일자리를 구하는 것조차 힘든 냉혹한 현실이다.

　나는 현장에서 온갖 잡일을 도맡는다. 그중에서도 가장 고통스러운 건 먼지와의 사투다. 현장의 먼지는 흙먼지가 아니다. 시멘트 가루와 석고, 각종 분진이 뒤섞인 독한 먼지다. 방진 마스크를 써도 목은 칼칼하고, 콧속은 시멘트 가루로 가득하다.

눈앞이 뿌옇게 보이지 않을 정도의 먼지를 마시며 빗자루질과 밀대질을 하고, 묵직한 자재를 나르고, 쌓고, 다시 내려서 옮기는 반복 작업을 해야만 일과가 마무리된다.

직업에 귀천은 없다고 배웠지만, 이곳에도 엄연한 서열은 존재한다. 진짜 반장님의 작업 지시는 곧 명령이다. 이곳 현장의 모든 일용직 노동자의 지난 타이틀은 현장의 시멘트 먼지 속에 묻어버렸다.

현장의 노동자들과 함께 숨 쉬고, 땀 흘리고, 그들과 똑같은 하루를 마무리한다. 고통스럽지만, 이 현장에서 삶의 또 다른 진실과 현실을 배우고 느끼고 경험하고 있다.

밤을 채우는 청춘들

차가운 밤공기가 몸에 닿는 저녁 시간, 밤샘 야간 아르바이트를 위해 물류센터로 향하는 통근버스에 몸을 실었다. 한 시간 남짓을 달려 도착한 곳은 밤을 꼬박 새워 일해야 할 물류센터.

도착함과 동시에 긴장과 어리둥절함으로 낯설기도 했지만, 놀랐다. 현장에 모인 대부분이 20대에서 30대의 젊은 청년들이었다는 사실에 마음이 더 무거웠다.

안전조끼를 입고 오와 열을 맞춰 대기 장소에 서있는 모습은 마치 군대 훈련소나 포로수용소를 연상시키는 듯 묘한 긴장감과 엄숙함이 전해졌다.

젊은 청년들이 12시간 동안 밤을 새워 고된 노동을 해야 한다는 사실에 안타까움이 있었다. 저마다 알 수 없는 사연과 이유가 있겠지만 그들은 대부분 단기 아르바이트 광고를 보고 이 고된 현장에 모였을 거라는 현실에 씁쓸한 기분을 지울 수 없었다.

안타까움이 밀려왔다. 이 젊은 청춘들에게는 안정적인 일자리와 쾌적하고 인간다운 근무 환경이 절실한데, 왜 굳이 이곳에서 몸을 혹사하며 일시적인 경제활동을 해야 할까. 단순히 밤을 지새우는 것만으로도 힘든데, 이곳은 밤을 새워 육체적인 노동을 쉼 없이 해야 하는 곳이다.

밤을 새워 일하고, 낮 몇 시간 쪽잠을 잔 후, 다시 출근해 노동을 반복하는 고단한 삶의 연속. 단기간에 돈을 손에 쥘 수는 있겠지만, 그마저도 최저임금 수준이며 몸이 축나는 힘든 야간 근무다. 몸은 몸대로 상하고, 안정적이지 못한 일자리로 개인적인 삶이나 미래를 설계할 여유는 없을 듯 보였다.

이렇게 단기 알바에 매달릴 수밖에 없는 현실, 구조적인 일자리 부족, 학자금 대출 부담 등 우리 사회의 어두운 단면이 이 물류센터의 밤 풍경 속에 고스란히 투영된 것 같았다.

나 역시도 밤새 단순노동을 하며 땀과 함께 잡념 없이 일을 했지만, 짧은 시간 그들의 보이지 않는 삶의 무게와 현실의 절박함을 가까이서 보았다. 그렇지만 그들의 삶과 선택을 존중하고 응원한다.

하지만 오십 대 중반인 내 몸이 감당하기에는 이 밤샘 노동이 너무 힘들다. 이 힘듦 속에서 젊은 청년들의 고군분투가 더욱 가슴 아프게 다가온 밤이었다.

길 위에서 다시 배우다

추석을 전후한 가을의 초입이었지만 햇살은 여전히 따가웠다. 여름 기준에 맞춰 새벽 5시 30분에 출근을 하고, 현장으로 이동해 동이 트기 시작하는 새벽 6시부터 도로변의 잡풀 베는 일을 했다.

작업자들의 안전을 위해 교통 수신호를 하고, 예초기의 굉음 뒤로 잘려나간 풀과 넝쿨들을 치우고 주변을 깨끗하게 정리하는 일이었다. 흘러내리는 땀방울을 보며, 문득 이유 없는 웃음이 흘러나왔다. 그 땀방울이 주는 해방감은 아이러니하게도 의회와 지역의 현장에서는 느끼지 못했던 또 다른 무엇이었다.

일터는 세상의 축소판이었다. 기술과 숙련도에 따라 일당이 확연히 달랐다. 예초기를 능숙하게 다루는 분들은 고급 인력으로 사람 구하기가 쉽지 않았다. 그마저도 초급, 중급, 고급으로 나누어졌고, 나처럼 예초기 사용에 서툰 사람은 일용 잡부로, 가장 적은 일당을 받았다.

전직 구의원이라는 경력은 이곳에서 아무런 기술도 가치도 아니었다. 풀과 흙으로 뒤덮인 작업화를 보며 어디를 가든 실력과 노하우가 있어야 대접받는다는 냉정한 진리와 현실을 다시 한번 깨달았다.

일용직 노동의 현장은 내일을 예측할 수 없는 삶의 단면이기도 했다. 고정적이지 않은 수입과 비정기적인 출근, 일이 없으면 쉬어야 하고 비가 와도 쉬어야 하고, 일을 못하면 다음날 불러주질 않는다.

추석이 코앞이었지만 길어진 여름 탓에 아스팔트 위의 날씨는 한여름이었다. 풀과 흙먼지로 뒤덮인 국도변을 따라 20kg에 달하는 브로아(낙엽, 풀, 먼지 등을 불어내는 장비)를 메고 하루 10여 km를 걷고, 베고, 쓸고, 불고, 치우는 일을 반복했다. 옷과 몸은 땀으로 범벅이 되었고, 온몸의 근육들은 비명을 질렀다.

하지만 풀베기 현장은 단순한 노동의 공간이 아니었다. 사람의 관계가 시작되고, 인연이라는 아름다움이 새롭게 형성되는 곳이었다. 배우기 위해 시작한 일은 아니었지만, 그분들과 함께하는 생계의 현장에서, 나보다 더 사회 걱정과 나라 걱정을 진심으로 하시는 분들을 만났다.

그렇다. 풀 냄새와 흙먼지 날리는 아스팔트 길 위에서 내가 보지 못하고 느끼지 못했던 또 다른 소중함을 배웠다. 노동의 가치, 땀의 정직함, 그리고 삶의 깊이를 가진 사람들과의 진솔한 교감, 이 모든 것이 나에게는 그 무엇과도 바꿀 수 없는 소중한 자산이 될 것이다.

Part 6

정치 1번지 여의도 입성

아빠 괜찮아?

총선이 끝나고, 여의도에 입성을 했다.
또 다른 삶의 현실과 더 큰 정치를 배울 수 있었던 소중한 경험이었다.
하지만, 계엄 현장에 있을 줄은 상상도 못 했다.
12월 3일, 계엄의 밤,
나는 그곳에 있었다.

험지에서 여의도로
국회의장실 정책비서관, 첫 출근의 기록

22대 총선이 끝났다. 대구라는 민주당 험지에서 선거캠프 사무장을 맡아 모든 것을 쏟아부었다. 결과는 낙선이었지만, 수성구갑 후보는 대구 지역에서 유일하게 30%를 넘기는 득표율을 기록했다. 패배 속에서도 이는 위로의 성적이었고, 우리 후보 캠프에는 적지 않은 위안의 결과였다.

총선이 끝나고 캠프 정리를 한 후, 대구 경북 비례대표 의원실에 보좌진으로 지원했다. 많이 늦은 지원이라 이미 의원실에 보좌진 자리는 남아있지 않았다. 하지만 의원님은 "조금 기다려달라"는 따뜻한 말씀을 건네셨다. 그 말씀을 믿고 며칠을 기다리던 중, 정치 상황이 급변했다.

그 며칠 사이에 국회의장 선거가 있었고, 민주당 우원식 의원께서 최종적으로 국회의장에 당선되셨다. 그리고 얼마

지나지 않아, 내가 지원했던 의원실에서 연락이 왔다.

"며칠 있으면 국회의장실에서 연락이 갈 겁니다."

의원실도 아니고, 국회의장실이라니. 많이 당황했지만, 가슴은 긴장과 설렘으로 뛰기 시작했다. 곧이어 기다리던 국회의장실의 연락이 왔고, 면접을 보았다.

합격 통보를 받고 난생처음 대한민국 국회라는 곳, 그것도 대한민국 의전 서열 2위의 자리인 국회의장실로 출근하게 되었다.

어안이 벙벙했다. 지방의 험지에서 캠프 사무장으로 고군분투하던 내가, 이제 국회 최고의 권위 있는 공간에서 일하게 되다니. 하지만 이 모든 상황이 주변의 추천과 필요에 의해 선택되었다고 생각하며 마음을 다잡았다.

대구에서 지방의원을 한 경험과 험지에서 싸웠던 열정이 중앙 정치의 가장 중요한 자리에서 역할을 할 수 있으리라는 기대감 속에서, 긴장된 첫 출근을 시작했다.

이 모든 과정은 패배 속에서 좌절하지 않고 묵묵히 주어진 자리에서 최선을 다했던 시간이 맺은 결실이었다고 믿는다. 그리고 국회의장실 정책비서관으로서 지방의 목소리를 대변하고 더 큰 정치를 배우기 위한 새로운 여정을 시작했다.

지방 정치와 중앙 정치의 교차로

지방 정치인으로서의 경험은 국회의장실에서 새로운 의미를 갖게 되었다.

구의원 시절에는 주민들의 '일상의 불편함'을 해소하는 행정적 문제 해결에 집중했다. 하지만 국회의장실에 들어와 보니 정치적 규모가 커지면 행정과 의정이 어떻게 맞물리는지, 그리고 거대한 정치적 결정이 국민의 삶에 어떤 직접적인 영향을 미치는지를 직접 목격하게 되었다.

초선 시절, 작고 미시적인 문제에 매몰되었던 그것과 달리, 국회의장실에서의 시간은 더 큰 그림을 보는 시야와 무거운 책임감을 배우는 시간이었다.

지방 소멸, 기후 위기 같은 거대 담론들이 어떻게 구체적인 법과 정책으로 전환되어야 하는지, 그 과정을 가장 가까이에서 배우고 있었다.

이 모든 과정은 지방의 현실을 아는 내가 중앙 정치에서 어떤 역할을 해야 하는지를 깨닫게 해주었다. 낙선 후 방황의 시간, 생계 현장에서 흘렸던 땀은 결코 헛되지 않았다. 그 경험들이 나를 더 겸손하고 현실적인 정책 비서관으로 만들어 줄 것이라 믿었다.

쪽방살이의 교훈:
낡은 여관과 주거 정책의 시선

국회의장실 출근 통보를 받고, 가장 먼저 닥친 난제는 객지 생활의 숙소 문제였다. 급작스러운 일정 탓에 숙소를 구할 시간이 없었고, 길지 않은 기간을 보낼 임시 거처를 서울 땅에서 찾기란 쉽지 않았다.

이틀간 여관을 전전하며 부동산을 찾아다녔다. 결국 급한 마음에 고시원을 계약했지만, 겨우 1평 남짓한 그 비좁은 공간은 객지에서의 외로움을 가중시키고, 숨 막히는 압박감에 우울증까지 올 것 같은 기분을 안겨주었다. 계약금만 날리고 바로 취소할 수밖에 없었다.

결국 짐을 다시 빼내어 인근의 아주 오래된 여관에 '달방(장기 투숙실)'을 얻었다. 낡은 여관이었지만, 서울이라는 거대한 도시에서 단 하루라도 편히 발 뻗고 쉴 공간이 생겼다는 것만으로 감사했다. 오래된 여관 특유의 운치와, 들어설 때마다 나를 반겨주는 입구 벽등의 정겨운 불빛은 나의 아담한 보금자리였다.

이 짧고 고된 숙소 구하기 경험은 나에게 정책비서관으로서의 새로운 시야를 열어주었다. 비로소 주거 취약계층의 설움과 불안정함을 피부로 느꼈다. '집이 없다'는 사실이 한 인

간에게 얼마나 큰 압박감과 외로움을 주는지, 그리고 고시원 같은 최소한의 공간마저도 누군가에게는 절박한 선택지임을 깨달았다.

숙소 문제만큼이나 낯선 것은 여의도의 일상이었다. 거대한 빌딩 숲, 전쟁 같은 출퇴근 길, 뜨겁고 건조한 아스팔트, 바삐 움직이는 사람들⋯, 그 중심에서 국회의장실 정책비서관이라는 중책을 수행하고 있었다.

이 모든 각박함 속에서 나를 위로해 준 것은 자연이었다. 버드나무 군락지가 조성된 길을 따라 20분 정도 걸어서 출퇴근했다. 한강의 지류인 샛강은 서울이라는 거대 도시와는 안 어울릴 것 같은 아담하고 포근한 아름다운 강이었다. 퇴근 후에는 이 샛강 주변을 산책하거나 달리기를 하며 하루를 마무리했다.

대구에서의 삶과는 또 다른 느낌의 객지 생활이었지만, 낡은 여관의 정겨움과 샛강의 위로 속에서 여의도 생활에 적응하고 있었다.

구의원 시절 주민의 민원을 들었던 귀와 낙선 후 생계 현장에서 땀 흘렸던 몸에 이어, 이제 주거 불안정의 현실까지 경험한 것이다. 이 경험은 나에게 단순히 개인적인 고난이 아니었다. 정책비서관으로서 '집 없는 사람들의 설움'을 외면하지 않을 것이다.

끝없이 돌아가는 국회의 심장

국회의장실 정책비서관으로 임명된 후, 나에게 주어진 핵심적인 역할은 '지방 소멸과 지역 균형 발전'이라는 시대적 과제와 맞닿아 있었다. 구의원과 낙선 후 생계 현장에서 얻은 지방의 현실 감각이 이제 국가 정책이라는 거대한 무대에서 쓰일 기회를 얻은 것이다.

부담이 되기도 했지만 설레는 일이었다. 국회에서 열리는 수많은 토론회와 세미나에 참석하며 부족한 지식을 채워나갔다. 지방 소멸, 균형 발전, 저출생 극복, 지역 특화 산업 등 다양한 주제를 깊이 있게 공부했고, 학계와 현장 전문가들의 의견을 청취하며 시야를 넓혔다.

특히 국회의원들 및 의장님과의 간담회 등을 주관하는 실무자로서의 경험은 값진 배움의 연속이었다. 단순한 행정 처리뿐만 아니라, 정치적 결정을 내리는 과정에서 각 당의 논리와 입장이 어떻게 조율되고 충돌하는지를 직접 목격했다.

이 모든 과정에서 중앙 정치의 메커니즘을 익히고, 정책 발굴과 제안을 위한 실무 경험을 쌓을 수 있었다. 정책의 답은 책상 위가 아닌 현장에 있다는 신념으로 전국을 누볐다. 의장님과 동행하기도 했고, 때로는 동료 비서관들과 함께 세종, 광주와 호남, 충청, 강원도, 그리고 나의 고향인 대구 경북 등 지방 곳곳을 직접 방문했다.

현장에서 진행되는 정책 관련 행사나 지역 이슈에 깊은 관심을 가지고, 주민들과의 만남을 통해 지방의 현실을 더욱 생생하게 체감했다. 단순히 예산을 내려보내는 방식이 아닌, 각 지방이 가지고 있는 고유한 특색에 맞게 변화와 발전의 씨앗을 뿌릴 수 있는 정책이 무엇인지 고민했다. 중앙의 시각이 아닌, 지방의 필요에 기반한 정책 발굴과 제안을 위해 발로 뛰는 시간이었다.

난생 처음으로 국회에서 밤을 새우는 경험도 했다. 국회에 무제한 토론, 즉 필리버스터가 진행될 때면, 혹시 모를 긴급 상황 발생에 대비하기 위해 의장실 보좌진들은 돌아가면서 당번을 정해 당직을 선다. 새벽까지 불이 꺼지지 않는 국회의 사당의 모습을 보며, 이곳이 대한민국의 정책과 민의를 다루는 치열한 전쟁터임을 실감했다.

제22대 국회는 역대 최고로 늦은 개원을 했지만, 300명의 국회의원은 국민 대표들이 지켜보는 가운데 선서를 마쳤다. 개원 후 상임위원회는 거의 매일 열렸고, 국회는 쉴 틈 없이 돌아가고 있었다.

보이지 않는 곳에서 묵묵히 국회의원을 보좌하는 보좌진들을 비롯해, 수많은 회의 내용을 정확하게 기록하는 속기사, 원활한 소통을 돕는 수어통역사, 의사 진행을 돕는 의사국 및 사무처 직원, 그리고 안전을 책임지는 경호와 방호 직원들의 숨은 노고 덕분에 국회는 치열하게 그 역할을 수행하고 있다.

이 국회의 심장부에서, 지방의 경험을 바탕으로 더 큰 정치를 배우고 더 큰 경험을 하고 있었다.

12. 3. 계엄의 밤,
나는 그곳에 있었다

역사책 속에서만 존재해야 할 단어가 현실이 된 그곳, 나는 대한민국 국회에 있었다.

12월 초, 때 이른 폭설이 여의도를 하얗게 덮쳤다. 단풍이

사진 제공: 국회 공동취재단(사진기자단)

완전히 지기도 전에 내린 눈은 사람의 온기를 더욱 간절하게 만드는, 엄동설한의 밤을 만들었다. 저녁 업무 약속을 마치고 숙소로 돌아와 TV를 켜는 순간, 화면 속의 '긴급 속보, 비상 계엄 선포'는 내 눈과 귀를 의심하게 했다.

이 무슨 말도 안 되는 소리인가. 할 말을 잃었고, 온몸의 감각이 얼어붙었다. 어떻게 해야 할지 알 수 없었다. 국회의장 비서실 업무용 채팅방엔 "즉시, 국회로"라는 문자가 떴다.

아무 생각 할 겨를이 없었다. 옷을 다시 껴입고 택시를 불렀다. 날씨는 맹렬한 추위였고, 그날따라 택시는 잡히질 않았다. 이 또한 불안했다. 대중교통을 통제했단 말인가. 말도 안

되는 상상과 불안의 시간이 10여 분쯤 흘렀다. 다행히 택시를 잡아타고 국회로 달렸다. 만 가지 생각이 머릿속을 스쳤다.

만약 계엄군에게 끌려가게 된다면? 가지고 있는 휴대폰 속에는 누구나 그렇듯 수많은 정보가 담겨 있다. '이걸 한강에 버려야 하나?' '어딘가에 두고 가야 하나?' 속보로도 정확한 상황 전달이 되지 않는 불확실성 때문에 마포대교를 지나는 택시 안에서 두려움은 극에 달했다.

국회에 도착했을 때 정문은 이미 경찰 병력으로 완전히 폐쇄되어 있었다. 여의도 주변에 있던 수백 명의 시민들은 벌써 국회 정문 앞으로 달려와 있었고, 국회의원들과 보좌진, 직원들까지 출입이 통제되고 있었다.

나는 재빨리 국회도서관 쪽으로 발걸음을 돌려 비교적 낮은 담장을 넘어 경내로 들어갈 수 있었다. 다행히 그 시간까지는 정문만 통제되었던 것이다. 정문에서는 필사적으로 들어가려는 국회의원들과 보좌진들이 경찰과 몸싸움을 벌이고 있었고, 발 빠르게 담을 넘어 경내로 진입하는 분들도 간간이 눈에 띄었다. 아주 잠시 통제가 풀리기도 했지만, 곧바로 국회를 둘러싼 담장 전체가 완전히 폐쇄되었다.

국회 상공에는 헬기 소리가 맴돌았고, 장갑차가 국회를 향해 오고 있다는 속보가 들려왔다. 무섭고 두려웠다.

국회 본청 안에는 국회 경내에 있던 국회의원, 보좌진, 직

사진 제공: 국회 공동취재단(사진기자단)

원, 기자들이 이미 모여있었다. "국회 본청을 사수해야 한다!"는 의장실의 지시와 함께, 신분증을 확인한 후 급히 본청 안으로 들어갔다.

우리의 역할은 명확했다. 국회 본청을 계엄군으로부터 막아내고, 의장님을 지키며, 국회의원들이 본회의장으로 무사히 들어올 수 있도록 길을 여는 것. 무엇보다 계엄군이 국회 본청으로 쳐들어오는 것을 막아야 했다.

눈에 보이는 모든 집기, 책상, 탁자, 의자 등을 동원해 정문과 후문 출입구를 막기 시작했다. 순간, '만약 이곳이 뚫리면 본회의장 앞은 피바다가 될 수도 있다'는 끔찍한 상상이 뇌리를 스쳤다. 본청 내 모든 사람은 공포를 뒤로하고 인간

바리게이트를 치며 출입문을 필사적으로 막았다.

눈앞에 나타난 계엄군은 무시무시했다. 특수부대 요원들이 장착한 전투복과 총은 그 존재만으로도 두려웠다.

하지만 방어선은 예상치 못한 곳에서 뚫렸다.

본청 뒤 운동장에 내린 헬기를 통한 계엄군, 한강 변 쪽 국회 옆문을 통해 들어온 계엄군, 의원회관 지하 통로를 이용해 진입한 계엄군, 특히, 본회의장 인근 창문을 깨고 들어온 계엄군까지. 어느새 국회 본청 안에는 보이지 않는 곳에 계엄군이 가득했다.

이제 최후의 전선은 3층 본회의장이었다. 여기가 뚫리면 본회의장에 집결 중인 국회의원들은 잡혀갈 것이고, 계엄 해제 의결은 불가능해지는 것이다.

본회의장 앞을 팔과 팔을 끼고 인간 바리게이트로 막았다. 결사 항전이었다. 본회의장으로 통하는 복도에는 소파와 책상, 진열장 등 무거워 보이는 모든 집기를 쌓아 올렸다.

"절대 뚫리면 안 된다!"

우리는 맨몸으로 계엄군에 맞서야 했다. 사전 준비도, 훈련도 되지 않은 민간인 그 자체였지만, 일사불란했다. "여기가 뚫린다! 모여주세요!"라는 외침에 누구의 지시 없이도 곧장 달려가 온몸으로 필사적인 저항을 이어갔다.

우리는 두려움과 추위 속에서 밤을 꼬박 새웠다. 비록 계엄군의 본청 진입을 막지 못했지만, 본회의장 사수를 통해 국회의원들이 계엄 해제 의결을 추진할 시간을 벌 수 있었다. 마침내, 새벽 1시경에 '계엄 해제 결의안'은 의결되었다.

하지만 2차 계엄의 가능성도 염두에 둘 수밖에 없었기에, 국회의원들은 돌아가면서 본회의장 앞을 지키고 있었고, 의장 비서실과 의원 보좌진들도 비상대기로 이후 며칠 밤을 교대로 새면서 국회와 대한민국을 지키는 투쟁은 계속되었다.

국회 밖에서는 수많은 시민이 함께하고 있었다. 맨몸으로 장갑차를 막고, 차가운 아스팔트 바닥 위에서 보여준 연대와 절박함 덕분에 우리는 대한민국을 지켜낼 수 있었다. 그 밤, 훈련되지 않았던 우리는 용감했고, 위대했다.

2차 계엄의 공포

2차 계엄에 대한 공포는 좀처럼 가시지 않았다. 국회 본회의에서 비상계엄 해제 요구 결의안이 가결되었지만, 대통령은 침묵했다. 법적으로 해제 직후 재선포가 가능하다는 해석이 나오면서 안도감은 이내 더 큰 불안으로 바뀌었다.

새벽 4시, 대통령실은 국무회의 정족수 미달을 핑계로 시간을 끌었다. 대체 무슨 꿍꿍이일까. 몸은 천근만근이었지만, 정신은 오히려 분노로 날카롭게 깨어났다. 마침내 새벽 4

시 30분, 계엄 해제 의결 소식이 들려왔다.

하지만 긴장을 늦출 수 없었다. 우원식 국회의장님은 본회의 산회가 아니라 정회를 선포하셨다. 언제든 다시 열릴 수 있는 2차 계엄에 대비해 즉각 대응 체계를 유지해야 했기 때문이다.

새벽 6시경 정회가 선포되었지만, 우리에게 퇴근이란 없었다. 의원들과 보좌진, 국회 직원들은 본청 곳곳을 지키며 사실상 무기한 비상대기에 돌입했다.

준비 없는 장기전은 생각보다 고통스러웠다. 속전속결로 끝날 줄 알았던 대치가 이어지면서 본청 안의 생활은 열악해졌다. 여유분의 양말이나 속옷 한 벌 챙겨오지 못한 채 밤을 꼬박 지새워야 했다. 씻지도 못하고 며칠째 같은 옷을 입은 채 비상대기를 이어가는 고단함은 말로 다할 수 없었다. 축축하게 젖어 드는 양말과 찝찝한 속옷은 육체적 피로를 더했지만, 그 불편함조차 민주주의를 지키는 비용이라 여기며 서로를 다독였다.

그 고립된 진지 속에서 우리를 버티게 한 것은 밖에서 전해진 따뜻한 마음들이었다. 의장 비서실로 시민들과 지인들이 보낸 간단한 구호 물품과 간식들이 간간이 배달되기 시작했다. 컵라면, 초콜릿, 따뜻한 음료. 화려한 것은 아니었지만, 그것은 단순한 음식이 아니라 "우리가 뒤에 있으니 힘내라!"는 국민들의 응원이자 연대의 신호였다.

정성 가득한 물품들을 보며 가슴 뭉클한 감동을 느꼈지만, 한편으로는 죄송한 마음이 앞섰다. 우리는 비록 좁고 불편할지언정 지붕이 있는 실내에 있었지만, 밖에는 이 매서운 겨울바람을 온몸으로 맞으며 아스팔트 위에서 민주주의를 외치는 시민들이 계셨기 때문이다.

그분들의 고생에 비하면 우리의 고단함은 사치라는 생각에, 간식 하나를 나누면서도 미안함과 고마움이 교차하는 복잡한 심정으로 밤을 버텼다.

그날 밤의 국회는 말 그대로 민주주의의 최후 보루였다. 계엄군이 물러간 뒤, 우리는 본청을 하나의 거대한 진지로 구축했다. 본회의장으로 향하는 계단과 복도를 다시 철저히 봉쇄했고, 의장실 주변도 빈틈없이 방어했다. 특히 헬기를 통한 재진입을 막는 것이 급선무였다. 국회 잔디밭과 운동장은 국회 버스와 비서관들의 개인 차량으로 빽빽하게 메웠고, 건물 옥상에는 책상과 의자를 쌓아 헬기 착륙을 원천 봉쇄했다.

의장님은 탄핵소추안이 통과될 때까지 단 한 순간도 퇴청하지 않고 비상대기를 하셨다. 우리 비서진 역시 교대로 밤을 지새우며 2차 계엄이라는 불확실한 위협과 사투를 벌였다. 국회의 모든 일상이 멈췄고, 오직 민주주의를 사수하겠다는 결기만이 본청의 차가운 복도를 채우고 있었다.

12월 7일 탄핵소추안 부결의 좌절을 넘어, 마침내 12월 14일 탄핵소추안이 가결되었다. 상황이 일단락되자 의장님께서는 불법 계엄으로 중단했던 송년회를 재개하라고 당부하셨다. 국가적 비상 상황에 얼어붙은 골목 경제를 살피고, 현장에서 고생한 직원들을 위로하려는 따뜻한 배려였다.

이후 의장님이 건네신 따뜻한 커피 한 잔은, 며칠간 씻지도 갈아입지도 못한 채 버텨온 우리들의 언 몸과 마음을 녹여주었다.

가장 추운 겨울이었지만, 우리는 안팎에서 함께였기에 이겨낼 수 있었다. 그렇게 대한민국 민주주의는 시린 겨울을 뚫고 다시 봄을 향해 나아가고 있었다.

아빠, 괜찮아?

비상계엄의 밤이 지나고, 가시지 않은 두려움과 추위로 밤을 꼬박 새운 채 국회를 지키고 있었다.

이른 아침, 휴대폰이 울렸다. 중학생 아들에게서 온 문자 메시지였다.

"아빠, 괜찮아?"

순간, 억눌렀던 모든 감정이 터져 나오며 울컥 눈물이 쏟아졌다. 계엄이 해제되었다는 소식은 전해졌지만, 아들은 밤새 걱정을 멈출 수 없었을 것이다. 아내는 상황을 최대한 순화하여 전했겠지만, 아이는 "엄마 말로는 계엄군한테 끌려갈 뻔했다던데…."라며 아빠의 안부를 묻고 있었다.

이게 무슨 일인가?

우리 아이들이 안전하고 평화로운 나라에서 자신들의 미래를 위해 마음껏 꿈을 펼쳐야 할 이 대한민국에, 피바람 부는 역사책에서나 봐야 할 비상계엄이 웬 말인가!

국회라는 공간은 국민의 안전과 평화를 지키는 최후의 보루여야 한다. 그곳을 지키던 우리가, 오히려 밤새 계엄군에게 끌려갈지 모른다는 공포를 느끼고, 그 두려움이 어린 아들의 걱정으로 돌아와야 하다니, 이 사실 자체가 너무나 참담했다.

아이의 문자메시지는 단순한 안부 확인이 아니었다. 그것은 이 나라가 지켜야 할 가장 소중한 가치가 무엇인지를 나에게 다시 한번 준엄하게 일깨워주는 메시지였다. 아들에게 바로 답장을 보냈다.

"아빠는 괜찮다. 아빠는 너희가 살 나라를 지키고 있다."

그날 밤, 우리는 목숨 걸고 국회를 지켰다. 우리 아이들이 더 이상 정치적 불안과 폭력의 공포 속에서 잠들지 않도록, '아빠, 괜찮아?'라는 문자를 다시는 받지 않도록, 내가 가진 모든 역량을 다해 상식적이고 정의롭고 평화로운 대한민국을 만들어 나가겠다고 절규하듯 다짐했다.

에필로그

여의도를 뒤로하고

계엄 사태로 혼란스러운 국회를 뒤로하고 국회의장실 비서관 임기가 종료되어 다시 대구로 내려왔다. 2025년 새해가 시작되었지만, 계엄 사태로 인해 정국이 어지러웠고 윤석열 대통령 탄핵을 요구하는 대구시민들의 집회가 연일 이어지고 있었다. 대구시민들의 일상도 제자리를 찾지 못하고 있었다. 추위는 누그러들고 봄은 오고 있었지만, 아직 우리의 마음은 추운 겨울이었다.

"주문, 피청구인 윤석열을 파면한다."

드디어, 4월 4일 결국, '그날 밤 아무 일도 일어나지 않았다'는 윤석열 대통령은 국민에 의해 파면되었다. 역사적 비극이고 대한민국의 수치였다. 하지만 위대한 대한국인(大韓國

人)은 분명히 다시 일어설 것이고, 민주주의를 회복하고 다시 경제를 살려나갈 것이다. 대한민국은 국민이 지킨다.

이어진 조기 대선으로 이재명 후보가 대통령으로 당선이 되었고, 국민주권정부를 표방하며 인수위도 없이 대통령으로서의 임기를 시작했다.

여의도를 넘어

다시 돌아온 나의 자리는 비어있었으나, 나의 내면은 그 어느 때보다 단단한 결의로 가득 차있다. 쟁기질하는 소가 멀리 보아야 바른 고랑을 내듯, 나 역시 눈앞의 득실을 넘어 시대가 요구하는 소명을 향해 시선을 고정하려 한다. 정치는 결국 사람의 마음을 얻고, 그 마음들이 모여 하나의 강물을 이루게 하는 일이다.

혼란의 겨울을 지나온 대구의 거리에서 다시 다짐한다. 편 가르기와 혐오의 정치를 넘어, 서로를 품어 안는 따뜻한 공동체를 복원하는 길에 앞장서겠다. 누군가를 배제하는 정치가 아니라 모두를 살리는 정치, 일상의 평온이 무너지지 않는 나라를 만들기 위해 다시 신발 끈을 조여 맨다.

비록 지금은 이름 없는 정치인일지라도, 국민이 지켜낸 이 민주주의의 토양 위에 희망의 씨앗을 뿌리는 성실한 농부가 되어 묵묵히 걸어가겠다.

현장이 답이다: 시민의 곁으로

불법적 계엄의 소용돌이가 지나간 자리, 중앙 정치의 화려함 대신 내가 선택한 곳은 다시 나의 뿌리이자 삶의 터전인 대구다. 거대한 담론이 국회를 메울 때도, 결국 정치가 지켜내야 하는 것은 동성로의 활기이고, 서문시장의 웃음이며, 내 이웃의 평범한 일상이라는 것을 뼈저리게 느꼈기 때문이다.

'중앙의 문법'이 아닌 '현장의 언어'로 말하는 지방정치인이 되기로 했다. 내가 그리는 지방 정치의 지향점은 명확하다. 정치는 멀리 있는 것이 아니라 내 집 앞의 가로등, 우리 아이의 등굣길 안전, 무너진 골목 상권의 회복에 있어야 한다.

중앙 정치의 논리에 매몰되지 않고, 오직 대구 시민의 삶의 질을 높이는 실용적인 대안을 제시할 것이다. 작지만 확실한 변화를 쌓아 시민들이 "내 삶이 정치를 통해 나아지고 있다."고 느낄 수 있도록 할 것이다.

지방 정치인은 군림하는 자가 아니라 시민과 시민, 시민과 행정, 의회와 행정을 연결하는 사람이어야 한다. 닫혀있던 생각의 공간을 열고, 모든 계층과 세대를 정책으로 연결하는 가교역할을 하는 것이다. 누구나 목소리를 낼 수 있는 열린 공동체를 만들고, 그 목소리가 실제 예산과 조례로 반영되는 투명한 행정 시스템을 구축하는 것이 지방 정치가 할 일이다.

다시, 신발 끈을 조여 매며

이제 '경력단절 정치인'이라는 수식어를 스스로 지우려 한다. 지난 4년의 공백은 멈춤이 아니라, 더 깊게 뿌리내리기 위한 숙성의 시간이었다.

현장에서 정치를 다시 배웠다. 땀 냄새 나는 공사 현장과 생존의 최전선인 노점상을 거치며 민생의 진짜 얼굴을 마주했다. 지난 과정에서 백수 정치인이었던 내게 시민들이 건넨 일상적인 말씀들은 하나하나가 나의 정치적 나침반이자 강력한 울림이 되었다.

책상 위에서는 절대 들을 수 없었던 그 생생한 목소리들이 나를 현장 정치인으로 거듭나게 했다. 정치는 사람의 마음을 얻는 일이다. 화려하게 포장된 정치가 아니라, 시민의 삶에 깊숙이 들어가 함께 울고 웃는 '살아있는 정치'를 실천할 것이다.

중앙의 화려한 조명은 없어도 좋다. 새벽을 여는 환경미화원의 손길에서, 퇴근길 버스 창가에 기댄 직장인의 고단한 어깨에서 지방 정치가 가야 할 길을 물을 것이다.

권력이 아니라 권한을 시민에게 돌려드리는 정치, 갈등을 넘어 공동체의 가치를 실현하는 정치를 위해 나는 오늘도 우리 동네의 골목길을 나선다.

"4년 전, 발바닥에 물집이 잡히도록 골목 구석구석을 누볐던 그 뜨거운 초심을 단 한 순간이라도 잊은 적이 있는가?"

원고를 마무리하며 스스로에게 이 날카로운 질문을 던져본다. 지난 의원 시절, 수백여 건의 민원을 마주하며 때로는 거대한 난관 앞에 무력감을 느끼기도 했다. 그러나 그 수많은 밤과 낮의 고민은 단순히 성과를 쌓는 과정이 아니었다.

책상 위 정치가 아닌 삶의 현장에서 시민과 함께 울고 웃으며, '정치인 박정권'이라는 권위의 외투를 벗고 이웃의 아픔을 온몸으로 체감하는 '생활인 박정권'으로 거듭나는 성찰의 시간이었다.

오르막 내리막의 시기를 지나며 깨달은 명확한 진리가 하나 있다. 지방 정치의 진정한 동력은 여의도의 거창한 문법이 아니라, 바로 우리 이웃들의 평범한 참여와 일상의 목소리에서 시작된다는 사실이다. 시민이 용기 내어 목소리를 낼 때, 정치는 비로소 잠에서 깨어나 시민의 삶을 향해 움직이기 시작한다.

이제 다시 신발 끈을 조여 맨다. 민주주의의 가치가 일상이 되고, 시민의 주권이 당당히 대접받는 세상을 향해 묵묵히 걸어갈 것이다.

대한민국은 국민이 지켰듯, 우리 지역은 깨어있는 시민과 진심 어린 정치인이 함께 지켜낼 것이다.

그 길에 기꺼이 나의 모든 진심을 보탤 것이다.

주민이 본 박정권

박정권이라는 사람을 떠올리면 가장 먼저 드는 인상은 '신사답다'는 말이다. 말투나 태도에서 서두름이나 과장이 없고, 상대의 이야기를 끝까지 듣는 편안함이 있다.

지금의 모습 그대로, 지금처럼만 가주었으면 한다.

신사답고 편안한 태도, 사람을 대하는 진중함은 쉽게 만들어지는 것이 아니고, 오히려 시간이 갈수록 더 귀해진다. 그 장점이 앞으로도 변하지 않기를 바란다.

박정권이라는 이름이 '편안함'과 '신뢰'로 기억되는 사람으로 오래 남기를 바란다.

– 직장인 47세 (여)

나에게는 얼굴보다 "발로 뛰는 구의원" 이라는 애칭을 먼저 마주한 분이다.

항상 험한 환경의 현장에서 주민과 함께 시작하는 주민의 동행 정치가이다.

지역의 환경단체 발대식 사진에도 함께 박제될 만큼 환경 의식의 개척에도 시작을 함께해 주신 뜻깊은 인연!! 앞으로도 애민이 녹아있는 정치와 행정으로 우리의 마음을 지배하는 리더가 되어주길 바란다.

– 환경활동가 48세 (여)

60대 때 동네의 자율방제단 봉사활동에서 의원님을 처음 뵈었다. 다른 구의원들도 계셨지만 아무도 동네 불편한 점이나 개선할 점에 대해서 문의하는 분이 없었는데 박정권 의원님께서는 불편한 점 있으면 무엇이든 얘기해 보라고 했다.

8m 도로 입구에 렌터카 회사가 주차창도 없이 영업을 하고 있어서 많이 불편하고 주차된 차하고 접촉사고도 났었단 얘길 하게 되었다. 며칠 후 의원님께 연락이 왔고, 불편하고 위험하던 동네 골목길은 안전해졌다. 스쳐 지나가는 말이 아닌 행동과 실천을 하는 모습에 너무 감동이었다.

– 가정주부 70대 (여)

고등학교 졸업 후 30여 년 만에 만난 친구다. 오랜만에 만난 그는 우리 동네 구의원에 출마한다고 했다. 가능성이 적어보였지만 불모지에서 당당히 당선되었다. 그렇게 4년의 구의회 의정 활동을 마쳤다. 동네에서도 부지런하고 주민과 가까이에서 일 잘하기로 소문난 그였지만 그다음 선거에서는 공천을 받지 못하였다. 4년이 흐른 지금도 그는 든든한 동네 주민이다. 그의 성공은 곧 우리 동네의 성공이다. 그의 성공을 진심으로 바란다. 그는 박.정.권. 내 오래된 고등학교 친구이다. 고등학교 시절 같은 하숙집에서 같은 시절을 보낸 오랜 벗이다.

- 초빙교수 53세(남)

내가 박정권 씨를 알게 된 건 10여 년전 지역의 산악회에서였다. 처음 본 정권 씨는 예의 바르고 인사 잘하는 모습이었다. 그런 정권 씨가 구의원이 되었다. 이후 가끔씩 얼굴 정도 보게 되었는데, 내가 작은 미용실을 오픈하면서 동네 방역 문제로 보건소에 민원을 넣는 일이 생겼다. 주택이 오래되고 하천도 옆에 있어 모기 때문에 주민들이 불편하다고 미용실에 오면 말씀을 하시기에, 보건소에 전화를 하게 된 것이었다. 물론 방역을 안 하는 건 아니었다. 가끔 하고 있는데, 보건소에서 지금은 바로 못하고 일주일 내에 해준다고 해서, 구의원님에게 전화해 보자고 몇몇 분과 상의한 끝에 전화를 드렸다. 의원님은 내 일처럼 공감해 주시고 빠른

시일에 해주겠다 하고 끊었다. 다음 날 나와 주민 서너 명이 커피를 마시고 있는데 방역차가 아니라 등에 소독통을 매신 분들이 와서 하수구에 직접 약을 뿌려주셨다. 방역차보다 더 꼼꼼하게 방역해주셔서 너무너무 고마웠다.

그 일이 있고 1년이 지났을까, 딸이 황금네거리에서 요철로 인해 넘어져 열여덟 바늘 꿰매는 일이 생겼다. 어떻게 알았는지 박정권 의원님이 미용실로 전화해 구청에 사고에 대해 청구할 수 있다고 알려주셨다. 이때만 해도 나는 친분이 있는 것도 아니고 내가 사는 지역 구의원이 박정권 씨라는 것이 다였는데, 구의원이 구의원답게 주민의 사소한 것까지 꼼꼼하게 살피는 데 살짝 감동했다. 그 뒤에도 동네 어두운 골목에 가로등을 다는 등 늘 한결같이 변함없는 그의 행보에 박수를 보내고 싶다. 우리같이 평범한 소시민이 뭘 알겠냐마는 열심히 일하는 사람이 필요하다. 주민을 위해 구민을 위해 죽기 살기로 일하는 모습을 보여줄 수 있는 박정권 씨의 건승을 빈다.

— 미용실 운영 59세(여)

박정권 전 의원은 구정의 일이나 주민의 민원도 그냥저냥 놓치지 않는 민원해결사로 통하는 사람이다. 건널목에서 신호를 기다리며 더운 날씨에 햇빛 가릴 곳이 없었는데, 공원을 정비하여 벤치를 설치해 민원을 해결해 주었다. 복지관 무료 급식 및 이불 빨래 봉사 등 봉사도 몸소 실천하는 사람이다. 의정 활동 하기에도 바쁠 텐데 시간을 쪼개어 동네 봉사활동에 참여하는 모습이 보기 좋았다. 몸이 열 개라도 모자랄 정도로 발로 뛰는 의정 활동을 했다. 권력이 아닌 권한을 가진 그의 모습, 동네 깊숙한 곳까지 골목골목 걸어다니면서 주민들의 목소리에 귀를 기울이는 모습은 진정한 동네 의원, 우리 동네 구의원이었다.

- 봉사활동가 5(남)

　발로 뛰는 우리 동네 구의원 박정권 의원님은 아무 대가 없이 우리 이야기를 들어주었습니다. 신세 한탄일 수도 있는 얘기들조차도 수첩을 펼쳐 꼼꼼히 적어가며 어떻게 하면 개선될지 같이 고민해주던 구의원이었습니다.

　아이를 키우며 자녀의 미래를 같이 고민하고 그들이 살아갈 미래의 환경에 같은 목소리를 내었습니다. 우리의 삶에 꼭 필요한 정치인이기도 했습니다. 표정에는 진심이 느껴졌고, 저를 포함한 어린이집 선생님들은 박정권 의원님을 좋아하게 되었습니다. 심지어 팬클럽을 자칭하는 선생님도 계셨습니다. 그러나 정치는 주민의 목소리를 듣지 않았습니다. 대구는 사람 대신 정당의 색으로 선택하였습니다. 아까운 사람을, 일해야 하는 사람을 일 시킬 수 없었습니다. 안타까웠습니다. 다시, 일어서길 응원합니다.

- 어린이집 원장 49세 (여)

박정권 전 의원은 저에게 있어서는 너무나 존경하는 사람입니다. 제 일 자체가 사람들과 자주 이야기하고 같이 환경을 깨끗하게 만드는 직업입니다. 그래서 항상 주민들과 자주 소통하는데 주민들의 고충을 듣고 제가 몇 번 민원을 전달하게 되었습니다. 항상 귀를 기울여 최대한 민원을 잘 받아주셨습니다. 항상 밝은 모습으로 다가와 주었고 의원이었지만 너무나 친숙했습니다. 물론, 다른 의원분들도 민원을 해결하겠지만 민원 해결 건수가 제일 높았던 걸로 압니다. 그 후 박정권 전 의원님이 한때 너무나 좌절했던 기억이 있지만, 항상 웃으시면서 주민들 걱정과 그 좌절을 이겨내는 모습들이 저에게는 특히 본받을 모습이었습니다. 언제나 밝은 모습이기에 존경하고 항상 박정권 파이팅이란 말들이 뇌리에 스칩니다.

— 환경미화원 49세(남)

박정권 님과의 인연은 몇 년 되질 않았지만 지혜롭고 배려심이 많고 늘 말과 행동이 긍정적이었습니다. 멀리 있어도 그 사람의 향기가 날 정도로 사람들을 잘 보듬고 아우르며 모든 일에 적극적인 면을 보였습니다. 동네에서 가끔씩 마주치고 인사를 하다 우연한 기회로 함께 선거운동을 했던 기억을 떠올립니다. 그는 한마디로 다재다능한 만능 엔터테이너였습니다.

— 가정주부 65세(여)

자신의 얘기를 책으로 만들어 자식들에게 아버지의 유물로 주겠다는 의지에 찬사를 보낸다. 내가 아는 박정권은 참으로 부지런하고, 어디에서나 진심으로 사람을 대하는 인간성이 멋진 의원으로 기억을 담는다. 구의원 시절 공부하는 자세, 동네를 누비는 행동을 볼 때마다 구의원의 역할이 어떤 것인가를 알게 되었다.

그때 내가 아는 선출직 중 한 명을 꼽으라면, 항상 "박정권 의원"을 지목했다.

그리고 작년 12월 3일 비상계엄령이 발표되었을 때 TV 생중계 중에 국회 출입문을 막겠다고 큰 소파를 움직이는 짧은 장면을 보는 순간 나의 가슴이 철렁거렸다.

무사해야 할 텐데 하고 TV를 시청하며 밤새 기도를 했었다.

모든 것이 끝나고 통화했을 때 떨리던 목소리는 지금도 귓가에 생생하게 맴돈다.

우원식 국회의장실 정책비서관을 지내면서 중앙 정치를 배우고 고향에 내려와 주위 사람들에게 일깨워 주려는 자세는 참다운 정치인으로 배울 것이 많은 것 같다.

자신이 품은 정치의 꿈이 꼭 이루어지길 바란다.

박정권이여~!! 꿈은 ☆ 이루어진다.

– 기업체 운영 65세(남)

먼발치서 지켜만 보았는데 박정권 의원님은 힘든 일을 마다하지 않고 굳건히 해내리라 믿음이 가는 멋진 분입니다. 국회의장 비서관을 하며 어려운 시기에 보좌를 너무 잘하신 점 높게 평가합니다.

　　정치 경험이 적은 만큼, 깨끗하고 투명한 태도로 국민의 신뢰를 얻는 것이 중요합니다. 기존 정치권의 관행에 물들지 않고, 국민의 목소리를 직접 듣고 반영하는 자세가 필요합니다. 기성 정치인들이 놓치기 쉬운 문제에 새로운 관점으로 접근하고, 참신한 정책을 제안하는 역할을 기대합니다. 책상 위의 이론보다 실제 현장에서 국민의 삶을 체감하며 정책을 설계하는 태도가 중요합니다. 경험이 부족할 수 있으므로 선배 정치인과 전문가에게 배우고 국민에게서 배우려는 겸손한 자세가 필요합니다.

- 직장인 59세(남)

　　지금까지 잘해 오셨지만, 지역 발전을 위해서는 좀 더 분발하여 소신과 애향심으로 점점 낙후되어 가고 있는 대구, 젊은이들이 머무를 수 없는 대구를, 미래 지향적이고 지속 성장이 가능하도록 당정 협의와 설득을 통해 일으켜 세우시길 바랍니다.

- 건축업 66세(남)

박정권 의원님의 하시는 계획과 여정에 하나님의 크신 은혜와 복이 임하시길 바랍니다. 교회의 주변 환경에 불편한 부분이 있어 말씀드렸더니 친히 살펴 잘 해결해 주셔서 늘 감사한 마음을 간직하고 있습니다. 지역 주민의 작은 목소리도 귀 기울여 들으시고 함께하는 실천적인 의원님을 사랑합니다. 항상 강건하시고 더 큰 꿈을 향해 나아가는 길이 어려움이 없이 평탄하길 바라며 혹여, 힘든 일이 있더라도 거뜬히 이겨나가는 강하고 담대하며 따뜻한 열정의 정치가가 되길 기도합니다.

- 교회 장로 65세(남)

　　수성구 자문회의 갔다가 인사한 인연으로 SNS 친구가 되었고, SNS로 정치 활동하는 모습과 야인생활 하는 모습을 보면서 대구에도 사람을 키워 써먹을 희망이 있겠다 생각했다. 부모님께서 사과 농사 열심히 지어서 딴 사과를 한 상자 주문했더니 직접 집까지 땀 흘려 배달하는 모습을 보고 시민을 위해 땀 흘릴 준비 된 사람이라 생각했고 늘 응원하며 지내고 있다. 대구가 다시 살 길은 사람을 키워내는 일이다. 진영을 가리지 않고 써먹을 일꾼을 키워내는 일이 내게도 숙명인 것 같다. 모쪼록 시민을 위해 땀 흘릴 준비 된 박정권을 제대로 써먹을 수 있기를 수성구민의 한 사람으로서 진심으로 바란다.

- 연구원 62세(남)

박정권은 맑고 깨끗한 첫인상을 가진 사람이다. 동네 주민들의 작은 민원에도 귀 기울이며 성실히 소통해 온 의원이다. 개인적으로도 지역 현안에 대해 진정성 있게 의견을 나누며 신뢰를 쌓아온 인연이 있다. 앞으로도 현장의 목소리를 꾸준히 듣고, 주민 삶에 실질적인 변화를 만들어 주는 책임 있는 역할을 해주길 진심으로 바란다.

– 어린이집 원장 57세(여)

나이가 들면 현실에 타협하고 꿈은 어느덧 잊히기 마련이지요. 20대에 본 선배는 불의에 타협하지 않는 순수한 청년의 모습이었고, 40대에 다시 만난 선배는 아이들이 살기 좋은 세상을 위해 정치를 하고자 하는, 아직 꿈꾸고 있는 중년의 모습이었습니다. 누군가는 돈도 없고 빽도 없는 선배가 정치를 하려고 하는 것에 우려를 나타냅니다. 틀린 말은 아니지만, 어느덧 꿈조차 꾸지 못하는 중년의 의무감과 책임감에 서글퍼집니다. 제일 험지라 손꼽히는 대구에서 다시 꿈을 펼치려는 선배에게 저는 오늘도 조용히 믿음의 박수를 보냅니다. 자기 자신을 믿고 함께하는 사람들을 믿고 오늘도 힘차게 나아가세요.

– 학습지 교사 49세(여)